진짜 공신들만 아는

특목고 자사고
입시 면접법

진짜 공신들만 아는

특목고 자사고
입시 면접법

서범석 지음

더디퍼런스

들어가며

최고 학부를 졸업한 후에도 사람 구실하며 살기 힘든 세상이다.

그 탓일까? 하루가 멀다 하고 열리는 고입 및 대입 설명회에는 적게는 수백 명, 많게는 수천 명의 인파가 운집하곤 하는데, 그중에는 초등학생 자녀를 둔 학부형까지 있다.

이유가 무엇일까? 이상적으로야 자녀 한 명에 대해서는 일회적인 진학 정보만 있으면 될 뿐이다. 하지만 현실을 들여다보면 그렇지가 않다. 고입과 대입이 다르고, 학교별로 전형이 모두 다르며, 설상가상으로 입시제도까지 자주 바뀌고 있기 때문이다. 교육평등권에 대한 애착이 강한 대한민국에서 관련 정보에 뒤쳐지면, 그 피해를 애꿎은 자녀들이 볼 수 있다는 우려가 학부형의 심리를 사로잡을 수밖에 없는 구조라는 말이다.

고입 및 대입전형의 복잡한 가지를 치고 핵심을 들여다보면 다음과 같은 경향성을 발견할 수 있다. '학생부' 강조 현상이다. 지난 2015

년 '고교교육 정상화 기여대학 지원사업' 일환으로 열렸던 대학별 세미나의 주제 역시 한결같았다. 입시의 모든 흐름이 '학생부전형'으로 귀결되었다. 그 후 대학 입시는 정시보다 수시를 더욱 강화하는 선발 패턴으로 흘러왔으며 앞으로도 그럴 것이다.

멀리 갈 것도 없이 2017학년도 서울권 주요 대학의 수시 선발 비율을 보자. 평균보다 높은 70퍼센트대(서울대 77.5퍼센트, 연세대 72.5퍼센트, 고려대 74.7퍼센트)를 차지하고 있다. 수시 선발 방식 중 최근에는 학생부종합전형이 상위권 대학에서 선호하는 선발 방식으로 자리 잡고 있다. 서울대는 수시 인원 전체를 학생부종합전형으로 충원하고 있으며, 연세대의 경우 2018학도부터 학생부종합전형 선발 인원을 24퍼센트로 확대할 예정이다. 고려대와 서강대도 마찬가지이다. 2018학년도부터 각각 학생부 종합전형 선발인원을 62퍼센트, 55퍼센트까지 확대할 예정이다.

이런 대입 학생부종합전형의 전초전이라고 볼 수 있는 것이 바로 고입 자기주도학습전형이다. 대입과 똑같이 성적, 서류(학생부, 자기소개서, 교사추천서), 면접 등을 점수화하여 선발하는 인재선발시스템이기 때문이다.

이러한 인재선발시스템은 장차 더욱 느슨하게 작동할까, 혹독하게 작동할까?

이를 가늠할 수 있는 데이터가 있다. 세계은행(World Bank)에서 발표한 〈청년 고용을 위한 해결책 - 2015 기본보고서〉이다. 이에 따르면 전 세계 청년 인구(15~29세) 18억 명 중 6억 명가량이 실업자 신세라고 한다. 무려 3분의 1이 직업 없이 그냥 살고 있는 것이다. 청년실업을 대한민국만의 문제로 파악하는 것부터가 단견이다. 전 지구적 현상이니까 말이다. 18억 명이라는 인구수 자체도 역사상 최대 규모이지만, 절대적 인구 자체는 문제가 아닐지도 모른다. 세계경기 침체에 따라 일자리가 줄어들면서, 상대적 과잉 인구가 도드라져 보인다는 것이 문제이다. 듣기 좋은 단발성 경제정책으로 어찌하기 어려운 매우 구조적인 문제인 것이다.

자신들을 자조적으로 잉여(剩餘)라고 낮추어 부르는 세대가 등장한 배경도 이와 같다. 유감스럽게도 경쟁 포기자가 속출하겠지만, 절대 인구수 자체가 많기에 경쟁 강도 자체가 줄어들지는 않을 것이다. 입시나 입사 등의 인재선발시스템이 더 혹독하게 작동하리라 예상하는 근거이다.

이러한 인재선발시스템을 통과하는 데에는 면접, 말하기 훈련의 중요성이 더욱 커지고 있다. 포장된 서류가 아닌 '진짜'를 볼 수 있는 가장 확실한 수단이기 때문이다. 예전에 모 올림피아드 국가대표 출신의 중학생을 대상으로 모의면접을 진행한 적이 있었다. 해당 분야에서 한국의 미래를 이끌어갈 역량을 지닌 대단한 인재였다.

아니나 다를까 자신이 진행하였던 탐구 프로젝트에 대한 개별면접 문항에서는 대단히 해박한 지식을 자랑하며 거침없이 의견과 사실을 개진하였다. 문제점이 드러난 것은 공통면접 문항을 던져보았을 때였다. 다음과 같은 질문이었다.

무엇이든 복제할 수 있는 3D 프린터를 개발하는 데 성공하였다면, 사회를 위해 무엇을 복제할 것인지 그리고 그 이유를 설명해보세요.

진위 검증용이라기보다는 창의적 발상과 논리력 그리고 사회 공헌에 대한 균형 감각을 보기 위한 것이었다. 잠시 후 '식량 복제' '기아문제 해결'이라는 핵심 키워드를 길게 늘이기만 했을 뿐인 평이한 답변이 나왔다. 복제 대상이 누구나 내놓을 수 있는 수준으로 평이했다면 그 이유를 풀어나가는 데에 있어서라도 창의성이나 명석함이 느껴져야 하는데, 애석하게도 전혀 그렇지가 않았다.

모의면접이 아닌 실제면접이었다면 이 학생이 인재선발시스템을 통과할 수 있었을까? 해당 질문에서 중간 이하의 점수가 나왔기 때문에 어려울 것이다. 아무리 우수하다고 하더라도 정작 인재선발시스템을 통과할 수 없다면 인재로 대우받지 못한다.

현실이 이렇다. 미래 대비도 굳건한 현실 인식을 바탕으로 하여야한다. 막연한 이상론에 근거해서 얻을 것은 없다. 생각하는 훈련, 그 생각을 말로 옮겨보는 훈련이 절실히 필요한 이유이다. 예컨대 다음과 같은 면접 질문을 받았다고 가정하자.

Q _____ 최근 교육부 및 각 지역교육청에서 인성교육 강화 방침을 발표하면서 인성교육이 우리 교육의 당면과제로 떠올랐다. 그 이유는 무엇이라고 생각하는가?

이런 답변은 어떨까?

A _____ 최근 일어나고 있는 사회 지도층의 화이트칼라 범죄에는 인성 결여라는 공통분모가 있습니다. 인성을 강조하는 교육은 궁극적으로 자신이 속한 사회와 조화롭게 어울리는 사람, 남을 배려하는 사람, 문화적 다양성을 추구하는 인재를 키울 수 있다고 생각합니다. 《세계 최고의 학교는 왜 인성에 집중할까》라는 책에는 '필립스엑시터아카데미'라는 교육기관이 나옵니다. 이 교육기관의 교육 이념에서 핵심은 인성입니다. 교사는 학생들에게 엘리트주의와 우월감을 경계하고 배려와 봉사를 실천하도록 지도합니다. 학생들 역시 모든 학교생활에서 'Non Sibi'를 실천하는 것을 진정한 학생다운 행동으로 여깁니다. Non Sibi란 '자신만을 위하지 않는'이라는 뜻의 라틴어입니다. 즉 '이곳에서 배운 것을 자신뿐 아니라 타인을 위해 써라'라는 교훈을 강조하는 것입니다.

'교사의 가장 큰 책임은 학생들의 마음과 도덕성에 주의를 기울이는 것이다. 지식이 없는 선함은 약하고, 선함이 없는 지식은 위험하다. 이 두 가지가 합쳐서 고귀한 인품을 이룰 때 인류에 도움 되는 토대가 될 수 있다.'

필립스엑시터아카데미는 이 말 그대로 전인교육, 인성교육을 통해 학생들을 세상에 유익함을 줄 수 있는 사람, 다른 사람들을 위하여 사는 사람으로 성장시키는 것을 최고의 목표로 삼고 있습니다. 이러한 인식하에 우리나라에서도 인성교육을 강조하기 시작했다고 생각합니다.

면접이란 단순히 질문을 묻고 답하는 과정이 아니다. 면접관들에게 지원자를 평가할 다양한 요소가 답변 속에 담겨 있어야 한다. 지원자의 삶과 앎이 답변 속에서 풍겨 나와야 하는 것이다. 복잡해 보이는 면접에 왕도가 있는 것은 아니다. 면접장에 들어서기 전 '서류에 표현된 나'와 '진짜 나'가 일치하는 삶을 사는 것이 중요하다. 그러므로 평소에 그런 척만 하는 대신 '진짜 그런 사람'이 될 수 있도록 똑바로 살 필요가 있다.

단순히 '명문고, 명문대에 진학하였다' 정도로 접근할 문제는 아니다. 앞으로 닥쳐올 여러 가지 인재선발시스템 속에 자신이 서 있다고 인식하며 생활하는 것이 장래 성공의 든든한 기초가 될 것이다. 그런 면에서 보면 이 책에서는 '주니어 성공학'을 논한 것이라고 볼 수도 있다. 인재선발시스템은 짧고, 인생은 길기 때문이다.

모든 학생의 건승을 바라며
서범석

| 차례 |

Chapter 1

고입 자기주도학습전형을
바라보는
몇 가지 시선

눈을 떠보니,
고등학교 이름이 브랜드인 시대에
살고 있었다

자기주도학습전형 개요

· ·

고입정보포털(www.hischool.go.kr)에는 자기주도학습전형 개요가 다음과 같이 친절하게 설명되어 있다.

자기주도학습전형이란?

학생이 자기주도학습 결과와 학습 잠재력을 중심으로 입학전형위원회에서 창의적이고 잠재력 있는 학생을 선발하는 고등학교 입학전형 방식입니다.

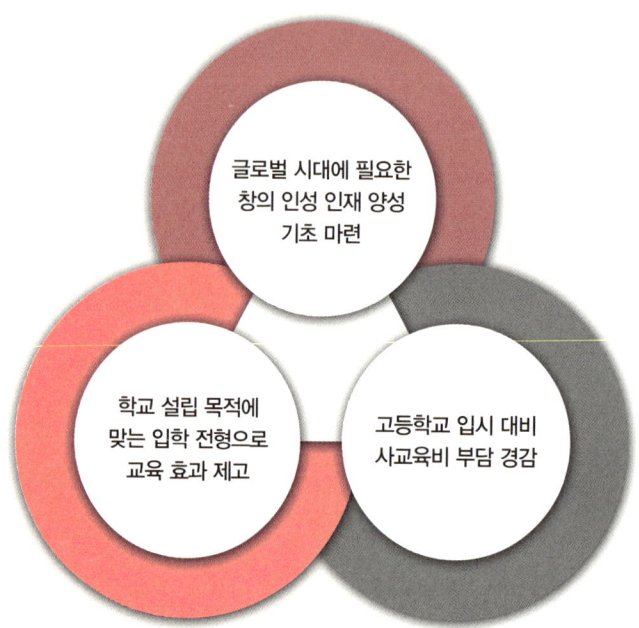

자기주도학습전형의 대상은 누구인가요?

▶ 외국어고, 국제고, 과학고, 자율형사립고, 일부 자율학교

　－학교에 지원하는 학생 전원을 대상으로 합니다.

　－충남한일고, 공주대부설고, 전북익산고, 경남거창고

▶ 일반고

　자기주도학습전형에 지원하는 학생을 대상으로 합니다.

　※ 선발 비율은 학교별 여건을 고려하여 자율 결정

어떤 단계로 학생을 선발하나요?

자기주도학습전형에는 학교유형에 따른 네 가지 전형방식이 있습니다.

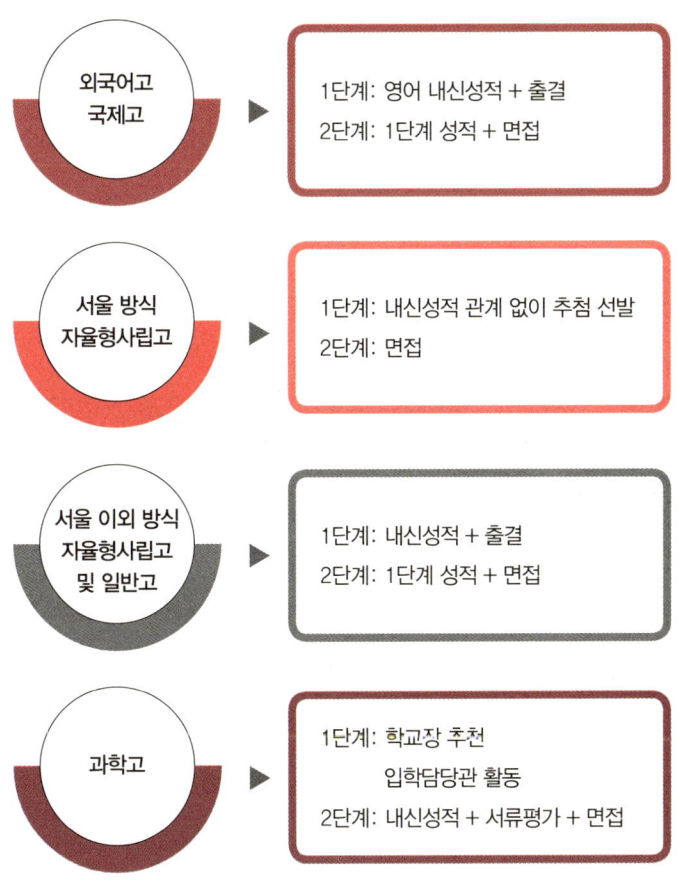

1단계 전형절차는 무엇인가요?

학교유형별로 다음과 같은 네 가지 전형방식이 있습니다.

▶ 외국어고 · 국제고

1단계에서는 영어 내신성적(160점)과 출결(감점)로 면접 대상 학생을 선발합니다.

영어 내신성적 = 중2, 3학년 네 개 학기 영어 환산점수의 합

중2 성취평가제 성적 + 중3 석차 9등급제 성적

중2 성취평가제 성취도 수준별 환산 방식

성취도 수준	A	B	C	D	E
부여 점수	5	4	3	2	1
학기당 환산 점수	40	36	32	28	24

중3 학기별 영어 내신성적 환산 방식(석차 9등급제)

기준	4%	11%	23%	40%	60%	77%	89%	96%	100%
등급	1등급	2등급	3등급	4등급	5등급	6등급	7등급	8등급	9등급
환산점수	40.0	38.4	35.6	30.8	24.0	16.0	9.2	4.4	1.6

출석 = − (무단결석 일수 x 가중치*)

* 가중치는 교육청 · 학교별로 자율적으로 적용

▶ 서울 방식 자율형사립고

1단계에서는 내신성적과 관계없이 정원의 1.5배수를 추첨 선발합니다.

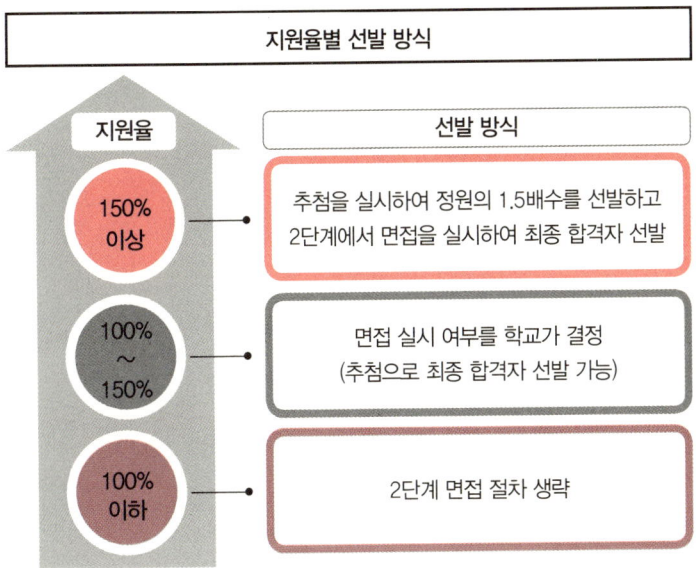

▶ 서울 이외 방식 자율형사립고

1단계에서는 내신성적과 출결(감점)로 면접 대상 학생을 선발합니다. 내신성적 반영과목과 학년, 내신과 면접의 반영 비율은 교육청의 승인을 받아 학교에서 자율로 결정하되, 내신성적은 원점수, 과목평균(표준 편차)을 제외한 성취도 수준을 활용합니다.

출석 = − (무단결석 일수 x 가중치*)

* 가중치는 교육청 · 학교별로 자율적으로 적용

▶ 과학고

1단계에서는 중학교 학교장이 추천한 학생들을 입학담당관 활동으로 검증합니다.

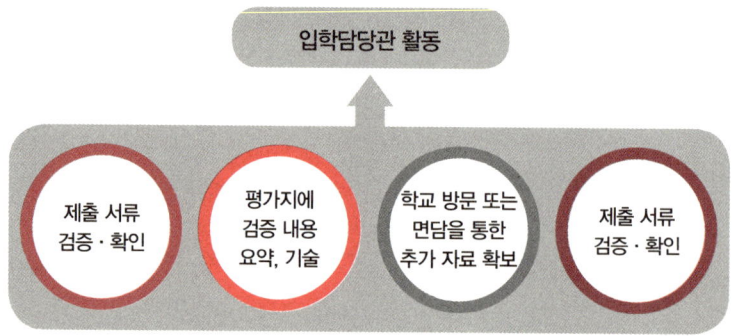

입학담당관 활동 결과 자료는 면접 대상자 선발 및 평가 시 활용됩니다.

2단계 전형절차는 무엇인가요?

▶ 외고, 국제고, 자기주도학습전형을 시행하는 자율형사립고 및 일반고

2단계에서는 자기소개서, 교사추천서, 학교생활기록부를 바탕으로 입학전형위원회에서 면접을 실시하여 최종 선발합니다.

국정과제에 대한 이해와 오해
그리고 선발고 선호 현상

....

'미국이 재채기를 하면 한국은 감기에 걸린다'라는 표현이 있다. 광복 후 우리나라 정치, 경제, 사회, 문화 분야에 끼치는 미국의 영향력을 빗댄 표현이다. 최근, 특히 경제 분야에서는 중국에 그 자리를 내어준 감이 없잖아 있지만 맹방으로서 미국의 영향력은 여전하다.

교육계는 어떨까? '대통령이 재채기를 하면 교육부 공무원 및 일선 관련자들은 감기에 걸린다'고 할 수 있다. 교육 관련 국정과제를 유심히 지켜보면서 대통령과 교육부 수장의 심중을 헤아려볼 필요가 바로 여기에 있다. 크게 다음의 두 가지가 눈에 뜨인다.

첫째, 2014년 3월 11일 제정되고 동년 9월 12일부터 시행된 '공교육 정상화 촉진 및 선행교육 규제에 관한 특별법(약칭: 공교육정상화법)' 둘째, 2015년 1월 20일 제정되고 동년 7월 21일부터 시행될 '인성교육진흥법'

이 두 가지 국정과제와 관련하여 각자의 판단은 다를 수 있다. '교육쇼'라는 평가부터 '인성을 어떻게 평가하여 반영한단 말인가' 하는 등 현장의 의구심도 여전하다. 더 큰 문제는 이런 국정과제만으로 우

리 교육문제가 해결될 만큼 대한민국의 상황이 간단하지는 않다는
데에 있다.

인구 500만에 불과한 소국인 동시에 북유럽의 교육강국인 핀란드
의 경우와 대비하여 살펴보자. 핀란드는 사교육이 없는 것으로 유명
하다. 정확한 이유는 무엇일까? 모 언론사 인터뷰에 응한 핀란드 시
민의 말에서 그 실마리를 찾을 수 있다.

세금을 엄청나게 내기 때문에 사람들이 돈을 많이 버는 데에 목매지
않습니다(총수입의 40~60퍼센트가 세금이다. 대표적인 복지국가이므로 많
이 벌면 세금을 누진적으로 많이 내야 한다).
워낙 복지가 잘되어 있어 실업자로 살아도 크게 불편하지 않죠(실업
급여가 월 급여에 상당할 정도로 나오며 재취업교육이 튼실하다).
또 노동력이 귀해 대학을 졸업한 사람보다 노동으로 돈을 버는 사람
들이 훨씬 많은 돈을 버니까 굳이 치열한 경쟁을 하면서까지 대학을
갈 필요가 없습니다.

한 핀란드 교사는 또 이런 말을 한다.

과외나 사교육이 왜 필요하죠? 학교에서 충분한 지식을 습득할 수
있는데. 핀란드 학생들은 누구와도 경쟁하지 않습니다.

두 핀란드인의 말은 '우리는 외부 세계(외국)와 경쟁할 필요는 있지만, 국내적으로 우리끼리 경쟁할 필요는 딱히 없다'는 것으로 압축될 수 있다.

우리의 현실은 어떤가? 약 반세기 전 국제사회에 명패를 내건 대한민국은 지금까지도 국내적으로나 국외적으로나 고강도 경쟁사회이다. 자원빈국이며(고만고만한 사람들은 무척 많다), GNP의 80퍼센트가량을 수출이 차지하고(주로 '남의 덕으로 먹고산다'고 해석할 수도 있다), 어떤 대학에서 무슨 공부를 하였느냐가 먹고사는 문제로 직결된다(고교 졸업자 중 무려 70퍼센트가량이 대학에 진학하는 기형적인 구조이기 때문에, 역설적으로 어느 대학을 나왔느냐를 더욱 따지게 되는 사회 풍토가 이뤄진다). 경쟁의 피로도적인 측면에서 대한민국이 곱절 이상 심한 것이다.

경쟁을 바라보는 관점의 차이, 징세시스템의 차이 등등이 복잡하게 얽혀 양국의 교육 현실이 조성된 것이다. 몇 년 전 대한민국에서 핀란드식 교육열풍이 불다가 한순간에 잠잠해진 이유가 바로 여기에 있다. 본질적으로 존재하는 '신체조건'의 차이를 해소하려는 시도 없이 그럴듯해 보이는 '신체능력'만을 따오자는 모자란 발상이었기 때문이나.

여기서 질문을 하나 던져보자. 인간은 언제 만족감을 느낄까?

경제학에서는 '기대가치'보다 '실현가치'가 높을 때 느낀다고 설명한다. 쉽게 말해 기대했던 상황(혹은 이득)보다 실제 벌어진 상황(혹은 이득)이 클 때 만족하게 된다는 것이다. 세뱃돈으로 1만 원을 기대했는데 실제 손에 쥔 것이 10만 원이었다면 만족스러워한다. 받은 게 없다면 불만족스럽게 느낄 뿐이다.

이를 바탕으로 인간이 만족감을 느낄 수 있는 방법을 거칠게 정리해보자면, 다음 두 가지가 있다. 기대가치를 확 낮추거나 실현가치를 확 높이는 방법이다. 작금의 대한민국 상황에 불만족을 표하는 청년들이 많은 이유가 여기에 있다. 취업, 결혼, 보금자리 주택 마련, 성공 등등 미래에 대한 이들의 기대가치는 여전히 높다. 궂은 경제 상황 등으로 인해 실현가치가 계속 낮아지고 있을 뿐이다. 이들에게 기대가치를 확 낮추라고, 한마디로 인생에 별 기대를 하지 말라고 주문하는 게 적당한 조언일까?

이쯤에서 얼핏 이와 관련 없어 보이는 다른 질문을 던져보자.

정부는 왜 '일반고 교육역량 강화정책'이라는 정책까지 내세워 일반계 고등학교를 육성하겠다는 것일까? 선발고 선호 현상이 심화되면서 고교 간 교육 역량의 균형이 깨졌다고 생각하기 때문이다.

그렇다면 왜 (전부라고 할 수는 없으나) 다수의 학생과 학부형은 선발고를 선호하는 것일까? 명문 대학에 진학하기에 조금이라도 유리하다고 생각하기 때문이다.

앞서 말했다시피 우리나라는 고교 졸업자 중 70퍼센트나 되는 인원이 대학에 진학하는 기형적인 구조에 놓여 있다. 이는 대부분의 학생이 어느 대학, 무슨 과에든 진학한다는 말이며, 그렇기에 역설적으로 어느 대학, 무슨 과를 나왔느냐를 더욱 따질 수밖에 없다는 말이다.

그렇다면 왜 (역시 전부라고 할 수는 없으나) 다수의 학생과 학부형은 명문 대학 진학을 선호하는 것일까? 괜찮은, 혹은 안정적인 직업을 얻어 기대가치보다 실현가치가 큰 인생을 살 확률이 조금이라도 높다고 생각하기 때문이다. 이들에게 기대가치를 확 낮추라고, 명문 대학이나 괜찮은 직업 등등 앞으로 펼쳐질 인생에 대해 별 기대를 하지 말라고 주문하는 게 적당한 조언일까?

경제학적 관점에서 보더라도 사람들이 학벌이니 해외 유명 대학이니 하는 것에 관심을 보이는 데에는 분명한 이유가 있다. 대부분의 인간은 이런 것이 가진 지위재(positional goods)적 성격에 매력을 느끼기 때문이다. 지위재란 경제학자 프레드 허시(Fred Hirsch)가 주장한 것으로, 이를 소유함으로써 타인과 비교하여 공동체 내에서 자신이 높은 사회경세적 지위에 있음을 과시해줄 수 있는 재회를 가리킨다.

프레드 허시가 처음 이것을 주장한 것은 1976년으로 인터넷이 상용화되기 한참 전의 일이다. 인터넷 시대가 도래하면서 딱히 재화라고 부르기 어려운 것이 나타나기 시작했다. 예컨대 다중접속온라인 게임(MMORPG)인 '리니지'에서 쓰는 '진명황의 집행검'이라는 무기는 어떨까? 이 무기는 3000만 원 정도에 거래된다. 사이버머니가 아니라 실제 돈이다.

이게 현실 세계에서 가치가 있을까, 없을까? 찌개에 넣을 두부 하나 못 썬다. 그런데 해당 게임을 즐기는 사람들은 이걸 소유하려고 안달이 났다. 파괴력이 크기도 하거니와 지위재적 가치가 있기 때문이다. 형태의 유무는 전혀 중요하지 않고 그것을 쉽게 얻을 수 없다는 희소성, 남이 소유하기 어렵다는 배타적 소유권이 곧 지위재의 핵심인 것이다.

2016년 2월, 통계청이 발표한 청년(15~29세) 실업률은 12.5퍼센트였다. 1999년 관련 통계가 집계된 이후 최고치다. 체감 실업률은 정부가 발표한 공식 실업률을 훨씬 웃돈다. '청년 실신'이라는 말이 괜히 나온 게 아니다. 이를 해결할 만한 뾰족한 수는 있을까?

구조적 문제라 사실 쓸 만한 카드가 별로 없다고 보는 것이 옳다. 경제성장률 감소로 일자리는 감소하고 있지만 한창 일할 나이의 청년 인구가 감소하지는 않았기 때문이다. 이들을 흡수해줄 만한 외부의 일자리도 마땅치 않다. 해결할 수 있는 문제라면 이를 해결하겠노라고 십수 년째 변죽만 울리고 있지는 않을 것이다. 참고로 요즘은 잘 쓰지 않는 이태백(20대 태반이 백수)이라는 용어가 등장한 게 벌써 2000년대 초반의 일이다.

경제가 어려워질수록 입시와 같은 인재선발시스템은 치열해질 가능성이 높다. 교육정책 입안자들의 의도와는 별개로 이러한 순환 고리는 쉽게 끊어질 것 같아 보이지 않는 것이다.

선발고 선호 현상의 뿌리에는 이렇듯 희소한 지위재에 대한 인간의 집착과 어려운 경제 현실이 있다. 이러한 상황하에서 학생들은 자신의 기대가치와 실현가치, 세계의 이상과 현실을 냉정하게 저울질하며 자신의 진로 및 진학을 고민해야 할 것이다. 또래보다 성숙한 통찰력을 보여주는 학생에게 한 번 더 눈길이 가는 것이 특목고·자사고 면접관의 심리이니까 말이다.

알 수도 없는 미래에 연연하지 말고
지금 당장 행동하라

· · · · · · · · · · · · · · · · · · · ·

학부형과 컨설팅을 하다 보면 가장 자주 듣는 말이 있다.

이 정도면 우리 아이가 합격할 수 있을까요?

학생부만 보았을 뿐이고 학생은 보지도 않았는데도 이런 질문을 받는다. 서류는 안 보았더라도 학생을 만나서 관찰하고 직접 대화까지 나눠보았다면 합격 여부를 십중팔구 가늠할 수 있는 것이 사실이다. 하지만 필자에게는 점쟁이 행세 따윈 하지 않는다는 원칙이 있기 때문에 보통 다음과 같은 답변을 내놓곤 한다.

학생의 합격 여부는 말씀드릴 수 없고, 우수한지 아닌지는 말씀드릴 수 있죠.

이렇게밖에 이야기할 수 없는 것은 고입 자기주도학습전형이나 대입 학생부종합전형이 수학처럼 딱 맞아떨어지게 작동하는 시스템이 아니기 때문이다.

비교과영역에서 우수할뿐더러 교과성적까지 전교 1등이라고 해서 다 합격하는 것이 아니다. 그렇기 때문에 오히려 인문학에 가깝다. 결국 인간이 하는 일이라는 것이다. 인간이 하는 일이기 때문에 무슨 실수가 있다는 의미가 아니라, 예측 불가능한 요소가 있다는 의미이다. 면접장에서 평소보다 혀가 잘 안 돌아갈 수도, 자신은 올바른 답변을 하고 있다고 생각했지만 엉뚱한 답변이 흘러나올 수도, 다른 면접관을 만났더라면 더 좋은 점수를 받았을 수도 있다. 그리고 이 모든 것을 결과 발표 이전에 완전히 예측하는 것은 불가능하다.

이 글을 읽는 독자들 중에도 자신이 혹은 자녀가 성공적인 진학을 할 수 있을지 궁금해하는 사람이 많을 것이다. 인간은 누구나 미래를 알고 싶어 하기 때문이다.

〈아마존의 눈물〉이라는 다큐멘터리를 보면 아마존에서 사는 한 부족이 소를 잡고 배를 갈라 창자의 구불구불한 모양을 보고 점을 치는 장면이 나온다. 촌로 여럿이 모여 창자를 뒤적뒤적하더니 이 방법으로 적이 어느 쪽에서 오는지, 그 세력이 강성한지 아닌지를 알 수 있다고 아주 자신 있게 말하는 것이다. 고대 유럽에서도 널리 행하였다는 이른바 내장점(內臟占)이다.

한반도 고대국가인 부여에서도 전쟁이 일어나면 하늘에 제사를 지내고 소를 잡아 전쟁의 승패를 점쳤다. 소 발톱이 벌어져 있으면 이는 아군의 균열을 상징하므로 지는 것이다. 반대로 붙어 있으면 이는 아군의 화합을 상징하므로 이기는 것이다. 유사 이래 지구촌 방방곡곡에서 이런 식으로 미래를 미리 보려 했음을 알 수 있다. 유감스럽게도 이런 것 모두가 전쟁에서의 승패 같은 실제 현상과 하등 상관도 없는 소 발톱, 소 내장 사이에서 패턴을 발견하려는 인간의 '제1종 오류'에 불과하다. 신탁(神託)이라는 게 왜 하필 죽은 소의 발톱 따위로부터 오는가? 소 발톱이 붙은 신탁을 받은 후 진 적은 한 번도 없는가? 많을 것이다.

《주역 왕필주》의 역자 임채우는 이렇게 말한다.

고대 중국인의 점법 중 주요한 것은 복(卜)과 서(筮), 두 가지였다고 한다. 복은 거북의 껍질을 불에 달군 쇠로 지져 생기는 균열의 모양을 보고 점을 치는 방법이고, 서는 시초(蓍草)라는 풀의 줄기 50개를 절반으로 나누어 홀수가 남으면 양(陽), 짝수가 남으면 음(陰)으로 삼아 이를 가지고 점을 치는 방식으로, 《주역》은 후자의 방법으로 점을 친 기록들이 여러 차례 편집 수정되어 성립한 것이라 한다.

이렇게 원시적인 과정을 거쳐 쌓인 점사(占辭)나 점법(占法)을 집대성하여 정리한 것이 우리가 흔히 점을 볼 때 들여다보는 《주역(周易)》이다. 홍명희 선생이 쓴 《임꺽정》 2권에 바로 이 《주역》에 달통하였다는 술객 김륜에 관한 에피소드가 나오는데, 그 대강의 이야기를 추리면 다음과 같다.

조선조 중종 시대, 성균관 대사성은 김식(金湜)이 맡고 있었다. 김식의 둘째 아들 이름은 김덕순이었는데, 그와 그의 어린 아내 이 씨는 사이가 매우 좋았다. 이 씨의 친정에서 유명한 장님 역술가에게 이 둘의 사주를 본 적이 있었는데, 내외가 백년해로하지만 아들은 두기 힘들 것이라는 점사가 나왔다. 둘의 사이가 매우 좋은지라 기존 사주풀이를 못마땅해하던 차에, 김륜이라는 강원도 출신 술객이 용하다는 소문을 듣고 점사를 다시 받아왔다. 점사의 내용은 다음과 같았다.

봄날이 따뜻하니 복숭아꽃이 아리땁도다. 푸른 물이 고요하니 증경이 서로 부르도다. 도장 안에 눈썹을 그리어주니 보는 이 웃음 겨워하도다. 모진 바람 일어나며 밝은 달이 바다에 잠기도다. 촛불이 희미한데 붉은 깃발 무삼일꼬. 서리 찬 긴긴 밤에 외기러기 울고 가도다.

기묘사화로 인해 아버지가 유배당했을 때, 그 화가 자신에게 미칠까 저어하여 김덕순 역시 피신하였다. 피신 중에 본가에 몰래 들러 꽃다운 아내 얼굴이나 한번 보고 갈까 하였다. 아내가 잠든 줄 알고 아랫방 문을 열고 들여다보는데, 방에는 병풍이 둘러쳐져 있고 병풍 위에 붉은 깃발 같은 것이 걸쳐져 있었다. 그 붉은 깃발은 죽은 사람의 관직과 성씨 따위를 적은 명정(銘旌)이었다. 누가 죽은 것일까 궁금해하던 김덕순이 사연을 알아보니 횡액을 당한 시댁과 남편 걱정에 시름시름 앓던 아내 이 씨가 요절한 것이었다. 그제야 김덕순은 술객 김륜이 준 사주에 적혀 있던 '붉은 깃발'의 의미를 비로소 깨닫게 된다.

이쯤에서 생각해볼 사람이 한 명 있으니 바로 칼 융(Carl Jung)이다. 융은 개인의 무의식 속에 억눌린 성직 드라우마가 모든 신경중의 원인이라는 프로이트와 결별하고, 자신만의 분석심리학파를 세운 심리학자이다.

잘 알려져 있지는 않지만, 칼 융이야말로 점성학, 심령술, 텔레파

시, 예지력 등의 초자연적인 능력을 신봉하고 연구한 심리학계의 이단아였다. 덧붙여 정신병을 앓은 전력도 있는 정신병자 출신이기도 하다. 정신병을 앓는 와중에 자신이 신통력을 가진 예언자이며 자신이 창안한 독특한 심리학 개념인 '원형(archetypes)' '집단적 무의식(collective unconscious)' 등의 통찰력으로 환자들을 돌보아 주고 있다고 확신하게 된다. 보통 난해하다고 평가받는 그의 연구는 이런 특이한 이력에서 비롯된 것이다.

1920년대에 융은 '동시발생(synchronicity)'이라는 용어를 창안해서 쓰기 시작했다. 여기서 동시발생이란 어느 환자가 (딱정벌레목인) 풍뎅이 꿈을 꾼 것에 대해 말하고 있을 때, 공교롭게 딱정벌레가 방 안으로 날아 들어오는 것과 같은 우연적 사건의 중첩을 가리킨다.

이집트에서 풍뎅이는 부활의 상징이므로, 환자가 꿈속에 등장한 풍뎅이에 관해 말하고 있을 때 공교롭게도 딱정벌레가 진료실 안으로 들어온 사건에는 어떤 초월적인 의미가 있으며, 이런 우연적 사건이 동시에 발생한 것이야말로 환자가 자신의 과도한 합리주의에서 벗어날 필요가 있다는 것을 깨우쳐주기 위한 것이라고 융은 풀이하였다. 환자가 꾼 평범한 풍뎅이 꿈에 대해 자기만의 해석을 곁들이는 식으로 상담을 진행하였던 것이다.

그에 따르면 내부적 인간의 마음과 외부적 현상세계에서는 필연적으로 이러한 동시성이 존재하므로 전통적 인과법칙(因果法則)으로는 설명할 수 없는, 서로 관련 없어 보이는 사건이 시공을 초월하여 동시에 발생할 수 있다. 원인이 있어야 결과가 있다는 전통적 인과론을 무시하는 '비인과적 연관' '의미 깊은 우연성' 정도의 의미로 생각하면 될 것이다. 나아가 그는 '인간은 따로 떨어진 정신이 아니라 서로의 에너지로 상호작용하는, 그럼으로써 우리가 생각지도 못한 수많은 방식으로 서로에게 영향을 끼치는 광대한 네트워크의 일부분'이라고 주장하였는데, 여기에는 불교의 제법무아(諸法無我) 같은 사고방식이 함유되어 있다.

어쨌거나 신비주의자인 융의 관심은 동양의 《주역》에까지 뻗쳤는데, 그는 《주역》으로 점을 치는 행위야 말로 자신이 주장하는 동시발생의 대표적 예라고 말하였다. 즉 점을 보아 미래를 아는 행위는 인과법칙이 아니라 동시발생의 원리라는 것이다. 이는 융으로서는 당연한 결론일 수밖에 없었다. 왜 그럴까?

가령 앞서 언급한 《임꺽정》 속에서 술객 김륜이 (덕순 내외의 미래를 알고 싶다는 마음이 투영되어) 점을 친 시각과 동시에 (덕순의 아내 이 씨가 죽어 묽은 깃발이 병풍에 설쳐 있는) 미래의 사건이 발생하지 않았다면, 김륜이 현재 이를 알 도리는 없기 때문이다. 어찌 되었건 미래의 사건은 현재 결정되어 있어야 하는 것이다. 술객 김륜이든 누가 되었든 미래의 일을 현재 알고 있다면 그가 점을 치는 행위를 하고 있을 때, 이미 미래의 일은 결정되어 있는 것이라는 의미가 된다. 즉 '점치는 행위와 동시에 발생했다'는 것이다.

이러한 미래예언 혹은 동시발생에 대한 증거가 인간계에서 발견된 적이 있을까? 확인해볼 수 있는 아주 손쉬운 방법이 있다. 인터넷 시대에는 어떠한 식으로든 정보의 흔적이 남게 마련이므로, 과거에 대서특필되었던 국가 운세, 유명인의 운세 예언이 맞는지 정도를 추적해보면 된다. 오지 않은 미래는 불확실성으로 가득 차 있지만, 이미 지나간 과거는 손바닥 들여다보듯 할 수 있는 것이다.

개인적으로 가장 흥미로웠던 것은 북한 김정일의 운세였다. 복수의 유명 역술가들에 따르면, 그는 못해도 2008~2009년 사이에 사망, 실각, 망명 중에 하나는 했어야 했다. 역사가 이렇게 흘러가지 않았다는 것을 우리는 이제 손바닥 들여다보듯 알고 있다. 또 우리가 이 집, 저 집, 심지어 같은 집에 점을 치러 가서 같은 사주팔자를 내민다고 하더라도 다른 결과가 나오는 경우가 많다. 그렇다면 같은 사주팔자에 서로 다른 결과가 동시에 발생하기라도 한다는 말인가? 이 모두 그저 인간 세상의 부질없는 아이디어일 뿐이다.

자, 정리해보자. 여기 두 유형의 부모가 있다. 전혀 알 수도 없는 미래의 자녀 합격 여부를 미리 알고자 전전긍긍, 좌불안석이기만 한 부모 A가 있다. 그리고 그나마 잘 알고 있는 현재에 집중하며 자녀의 두뇌에 다양한 정보를 넣어주고 세상 이슈에 대한 질문을 던져주어 생각할 힘을 늘려주는 데에 여념이 없는 부모 B가 있다.

장차 어느 쪽 자제가 진짜 우수한 인재가 될 확률이 높을까? 누구도 남의 판단을 대신해줄 수는 없다. 알아서 판단하자. 면접장에서 혈액형 성격학이니, 타로카드니, 《주역》 사주팔자니 하는 삿된 이야기나 늘어놓는 지원자가 합리성을 중시하는 교육기관에 종사하는 특목고 · 자사고 면접관의 눈에 들 리가 없다는 것은 명확하다.

'학생' 자기주도학습전형
vs
'학부모' 자기주도학습전형

개천에서 용이 나오지 않고 있다?

2016년 1월 13일 취임한, 이준식 부총리 겸 교육부 장관의 취임사에 다음과 같은 말이 등장했다.

우리나라는 민주화와 산업화를 동시에 이루고 원조를 받던 나라에서 원조를 주는 나라로 발전한 유일한 나라입니다. 그 원동력은 바로 교육에 있었습니다. 돈도 없고 자원도 없던 우리나라가 이뤄낸

지금의 성과는 사람에 투자하고 사람을 길러낸 교육의 힘으로 가능
했습니다.

대한민국은 평등성을 강조한 유럽식 복지주의 모델이 아닌 경쟁
성에 가치를 둔 미국식 자유주의 모델로 눈부신 경제 발전을 이룩했
다. 최근의 '인구론(인문계 졸업생의 90퍼센트가 논다)' '지여인(지방대 + 여성
+ 인문계 졸업생)' 등의 자조적 신조어만 보아도 이 모델이 이제는 잘 작
동하지 않고 있다는 것을 알 수 있다. 그렇다면 다른 모델로 가는 것
이 대안일까? 여기에 대해서는 각자가 가진 정치적·경제적·교육
적 견해에 따라 주장이 다를 수 있다.

문제는 체제 전환이 그렇게 쉽지 않다는 데에 있다. 복지 모델로
가기 위해서는 일단 개인 소득의 절반에 육박하는 세금을 군말 없이
내는 사회 풍토가 선행되어야 한다. 그렇지만 '그렇게 하기는 싫다'는
사람이 많다. 사회적 합의의 걸음마 단계를 막 뗐을 뿐이다.

와중에 근 20년 가까이 젊은이들의 일자리 경쟁은 심화되어왔다.
대한민국 집권 정당이 보수였거나 혹은 진보였거나 해서 제대로 된
교육정책, 취업정책을 내놓지 못했기 때문이 있을까? 지나치게 순진
한 생각일 것이다.

그 긴 세월 동안 다들 한 번씩 지나갔다. 15~29세 사이의 청년 인
구의 수는 많고 일자리는 적어지고 있다는 근본적인 사실을 직시해

야 한다. 이것이 우리나라만의 문제인 것도 아니다. 지금도 힘든데 얼마나 더 치열한 경쟁을 해야 하는가에 대한 고민과 방향성의 문제는 어느 정도 암묵적 합의가 되어 있다고 본다. 유감스러운 것은, 암묵적 합의의 방향은 동쪽인데 현실은 서쪽을 향하고 있다는 점일 터이다. 취임사를 계속 보자.

무엇보다도 우리의 소중한 학생들을 과도한 학업과 스펙 경쟁으로 내몰아서는 안 된다고 생각합니다. (중략)
아울러 수업과 평가방법의 혁신을 통해 학교교육이 국민들의 신뢰를 얻고, 선행학습의 근절, 학교교육에 충실한 입시, 사교육비 부담을 절감하기 위한 노력을 통해 모든 학생들이 행복한 학교생활을 할 수 있도록 노력하겠습니다. (중략)
그러나 그런 목표를 추구한다는 명분으로 지나치게 복잡한 정책을 만들고 만들어진 정책을 자주 바꾼다면 이 역시 우리 학생을 비롯한 국민들에게도 부담이 될 수 있습니다.

이러한 발언에서 입시(특히 고입)에서 TOEFL · TOEIC · TEPS · TESL · TOSEL · PELT · HSK · JLPT 등 각종 인증시험 점수, 한국어(국어) · 한자 등 능력시험 점수, 교내 · 외 각종 대회 입상 실적, 자격증, 영재교육원 교육 및 수료 여부 등의 기존 서류 기재 배제사항은 준수되거나 강화될 것이라는 점을 알 수 있다.

취임사에서 개인적으로 가장 궁금했던 것은 이것이었다. 학교교육에 충실한 입시란 무엇인가? 선발자든 지원자든 어차피 내신성적 등의 학교교육 충실성 지표가 똑같다면 서류나 면접 등 다른 곳에서 변별력을 찾거나 보여주고자 노력하는 것이 현실인데 말이다.

이런 변별력에 대한 교육 및 바람직한 선발방식을 고민하기 위하여 해마다 교육부와 각 시도 교육청이 주관하는 자기주도학습전형 전형위원 연수가 열린다. 각 선발고에서 자기주도학습전형 서류 및 면접평가위원으로 참가하기 위해서는 법정 연수 시간을 이수해야 한다. 법정 연수 시간을 이수하지 못한 사람이 평가자로 들어간다면 불법이며 감사 대상이다. 전형위원 연수에서 전국 각지의 선생님들을 대상으로 서류 · 면접평가 관련 강의를 진행하면서 가장 자주 들었던 말이 다음 두 가지이다. 한번쯤 생각해볼 부분이 있으므로 짚고 넘어가자.

첫째, 예전처럼 시험 쳐서 점수로 평가하는 것이 가장 깔끔하고 공정하다.

이런 분들은 시험만으로 대학도 가고 선생님도 되던 시절을 보냈기 때문에 대한민국 정부에서 책상에 코 박고 공부만 하는 학생들을 더 이상 미래인재로 생각하지 않는다는 것을 인정하지 않고 있다. 돌아가는 판의 규칙이 바뀌고 있는데, 그것을 받아들이지 않으면 자신만 도태될 뿐이다.

둘째, 이건 이름만 자기주도학습전형일 뿐, 전혀 학생 자기주도적이지 않고 학부모 자기주도적인 전형이다.

이 두 번째 발언에 반응하는 선생님들이 있다. 더 이상 개천에서 용 나는 시대가 아니라 부모 잘 만나는 학생이 유리하고, 교육양극화가 문제라는 사람들이 장차 평가자가 될 사람들 중에도 꽤 있다는 뜻이다.

이런 현상을 조금 더 자세히 들여다보자. 일찍이 프랑스 사회학자 피에르 부르디외는 개인이 보유할 수 있는 자본을 크게 '경제자본' '문화자본' '사회자본'이라는 세 가지 범주로 구별한 바 있다.

경제자본이란 돈이나 토지 등의 금전적인 자본을 가리킨다.

문화자본은 출신학교의 수준, 인문 사회적 지식, 예술적 심미안, 경력, 온갖 스펙 등등 개인을 더욱 돋보이게 만들 수 있는 무형자본을 총칭한다. 그는 경제자본의 소유 정도에 따라 계급이 구분되듯 문화자본의 소유 정도에 따라서도 계급은 구별되며, 소유의 불평등성을 정당화하는 중추적 역할을 아이러니하게도 학교(혹은 교육)라는 시스템이 담당한다고 주장했다. 학교에서 시험 점수 등을 차별적으로 부과하면서 오히려 계급의 구분을 정당화하고 강화시킨다는 것이다.

사회자본은 실제적·잠재적 지원 등을 얻기 위해 유력자 등과 관계를 맺는 과정에서 획득하는 자본, 즉 인맥을 뜻한다.

이 세 가지 범주에 최근 영국 사회학자 캐서린 하킴은 '매력자본'이라는 네 번째 요소를 하나 더 얹었다. 금전, 교육, 인맥 못지않게 한 개인이 뿜어내는 매력 역시 개인의 성공을 가르는 자본이 될 수 있다는 뜻이다.

최근 항간에 떠도는 금수저, 흙수저 이야기의 핵심을 거칠게 요약하면 다음과 같다. 한국은 부모의 경제자본이 자식의 문화자본에까지 영향을 미치기 때문에 공정한 경쟁이 이루어지지 않는 부당사회라는 것이다. 그러나 부르디외나 하킴의 예에서 미루어 짐작할 수 있다시피, 학연(문화자본의 일종), 지연(사회자본의 일종), 혈연(부모 경제자본의 일종)이 없으면 살기 팍팍한 곳이 한국뿐만은 아닐 것이다.

필자의 사견으로는 문제의 성세자본이 사회자본, 심지어 매력자본에까지 영향을 미칠 수 있다고 보지만, 이에 대한 불평불만은 잘 찾아보기 어렵다. 한국사회에서 교육으로 대표되는 문화자본이 차지하고 있는 위상과 교육평등성에 대한 관심을 여실히 읽을 수 있는 대목이다.

지난 2014년과 2015년에 이런 흐름을 반영하는 논문 두 편이 연달아 발표된 바 있다. 바로 〈경제성장과 교육의 공정경쟁〉(서울대학교, 김세직) 〈학생 잠재력인가? 부모 경제력인가?〉(서울대학교, 김세직 · 류근관 · 손석준)이다. 고입과 대입 등 현재의 인재선발시스템에 문제가 있다는 주장을 펴는 해당 논문의 요지는 다음과 같다.

▶ 진짜 인적자본 = 학생(혹은 근로자)이 가지고 있는 근로자로서의 실제능력 = 인적 자원을 늘리기 위해 투자한 시간 × 잠재력 → 정확한 인적자본.

▶ 겉보기 인적자본 = 대학 (혹은 기업) 측에서 진짜 인적자본을 파악하기 어렵기 때문에 활용하는 수능성적, 생활기록부, 자소서, 면접, 입학사정관 평가 등의 진짜 인적자본의 여러 가지 간접적 지표 혹은 평가항목 → 부정확할 '수 있는' 인적자본.

유전적 요소로 인해 소득수준이 높은 지역구의 학생들이 잠재력이 높으므로, 잠재력만으로 학생들을 평가하더라도 소득수준이 높은 지역구의 학생들의 대입 합격 확률이 더 높다는 것이 논문 저자들의 주장이다.

문제는 타고난 잠재력 차이만으로 설명할 수 있는 서울대 입학 확률의 지역구별 차이는 최대 두 배를 넘지 않아야 하는데, 실제 관찰된 서울대 입학 확률의 지역구별 차이는 최대 10~20배까지로 나타나며, 이런 차이는 부모가 경제력으로 학생의 진짜 인적자본이 아닌 겉보기 인적자본을 과대 치장해주기 때문이라는 것이다.

이 논문에 대해서 이야기하고 싶은 점은 크게 두 가지이다.

첫째, 진짜 인적자본 공식에 등장하는 잠재력 부분이다. 어떤 식으로든 존재는 하는데, 연구진의 주장에 따르면 측정은 어렵다는 묘한 특징이 있다. 그래서 겉보기 인적자본으로 인재를 선발할 수밖에 없는 것이 인간사 현실인데, 또 이것은 경제력에 따라 과대포장되었기 때문에 믿을 수 없다는 순환 논리에 빠지고 있다. 차라리 진짜 인적자본(이것이 분명히 존재하긴 한다면)을 갖춘 인재를 어떻게 선발할 수 있을 것인지 대안을 제시했더라면 더욱 생산적인 논의가 되었을 것이다.

둘째, 부모의 소득이 자녀의 타고난 잠재력(그에 따른 진짜 인적자본)에 유전적 요소를 통해서만 영향을 미친다는 가정(假定)이다. 그러나 현실의 모든 부모들은 어떤가? 자신들의 유전적 요소들 물려주는 것은 기본이요, 환경·문화 등의 후천적 요소를 조성하면서까지 자녀의 능력에 지속적인 영향을 미치고 있다. 전문직 부모가 노동 계층 부모들보다 자녀들에게 더 풍부한 어휘로 더 많은 말을 걸면서 지적 자극을 주는 것 등이 대표적인 사례가 될 것이다. 한마디로 문화자본을 더 많이 심어줄 수 있다는 것이다. 이렇게 축적된 문화자본은 학생의 자소서나 면접 등을 통해서 드러날 수 있다.

인류의 역사를 살펴보면 평등성 확대가 그 한 축이라는 것을 깨닫게 된다. 그러나 인류는 평등성 확대를 지향해왔으며 현재도 지향하고 있다는 사실이야말로, 역설적이지만 아직까지 모든 이들이 평등한 기회하에 놓여 있지만은 않다는 것을 의미한다. 그리고 기회의 완전평등이란 말은 어쩌면 '범죄 없는 사회' '질병 없는 국가'처럼 달성 불가능하지만, 듣기에는 달콤한 정치적 어젠다(agenda)에 불과할지도 모른다. 그렇다고 민중에 속하는 필자가 교육부 모 정책기획관처럼 '민중은 개·돼지이며 신분제는 어쩔 수 없는 대세이고 현실이다'라는 말을 하는 것은 아니다.

각 특목고·자사고에서는 정원의 20퍼센트를 사회통합전형으로 선발하도록 되어 있다. 대학들도 이와 유사한 장치를 갖추고 있다. 경쟁할 역량은 있되 기회가 없는 사회적 약자들에게도 관심을 기울이고 기회를 주어야 한다는 사회적 합의인 것이다. 가령 외대부고(HAFS)의 정원은 350명이다. 이 중 20퍼센트인 70명의 인원을 사회통합전형 대상자들에게 개방하고 있다. 또한 사교육이 집중될 여지가 있는 각종 대회, 어학 관련 점수, 자격증 등을 고입에 반영하지 못하도록 하고 있다.

급박하게 돌아가는 입시 현장에서 이런 케이스 저런 케이스 지켜보면서 깨달은 점이 하나 있다. 금전으로 없는 경쟁력을 만들었다고 다 합격하는 것도 아니고, 그럴싸한 활동 스펙이 없다고 다 탈락하는 것도 아니었다. 이것이 사실이다.

기회를 고르게 주고자 마련된 여타 사회적 장치에 관해서는 전혀 인식하지 않은 채, 나와 남의 갭에 대해 과도한 분노를 표출하면서 '흙수저는 아무리 노력을 해도 금수저를 못 이긴다' '난 글렀다' '다음 생이나 기약하자'는 식의 자조적 발언을 일삼기보다는, 당장 할 수 있는 것부터 실천해보는 것이 나을 것이다.

학교 선생님이나 또래 교우관계에 더욱 신경을 기울이고(사회자본), 아침에 일어나서 운동을 하거나(매력자본), 독서나 지적인 대화 혹은 사고 훈련(문화자본)으로 자신을 다듬는 것 말이다. 누가 알겠는가? 내가 가진 수저가 휘황찬란함에 있어서는 금수저를 이길 수 없을지 몰라도 그 단단함에 있어서는 버금갈 자가 없을지? 지금보다 위대해져서 남으로부터 받은 선의를 다시 돌려줄 수 있는 날이 오게 될지? 전형 결과와 마찬가지로 인생은 당최 미리 알 수기 없으니 말이다.

자신의 자질이 더 중요하다

· ·

해마다 교육부에서는 〈20○○학년도 수능 결과 분석〉이라는 보도 자료를 낸다. 그 후 관련 자료를 바탕으로 다양한 분석이 쏟아져 나오는데, 이런 분석은 대체로 어느 유형의 고교에 수능성적 상위자가 많은가 하는 데에 초점이 맞추어져 있다.

예를 들면 국어, 영어, 수학에서 수능 1·2 등급 비율로 순위를 매겨보니 상위 50개 고등학교 중 특목고·자사고가 42개교에 달한다는 식이다. 해당 리스트에 이름을 꾸준히 이름을 올리는 한일고와 공주대부고는 일반고로 분류되고 있긴 하지만, 배정을 받아서 가는 고등학교는 아니다. 전국 단위로 학생을 모집하는 학교이다. 이 두 학교까지 더하면 2016학년도 수능성적 상위 50개교 중 무려 44개 학교가 학생 선발권을 가진 학교라는 결론이 나온다.

이런 결과가 대단히 특이한 것일까? 그렇지는 않다. 선발권을 가진 학교에서는 내신성적평가, 서류평가, 면접평가로 우수한 (혹은 우수해 보이는) 학생들을 뽑고 있으니까 말이다.

사실 이런 결과는 거의 선발 효과 덕으로 보아야 한다. 모 자사고의 경우, 광역 단위 외고에서 전국 단위 자사고로 전환하여 처음 뽑은 고 1 신입생들이 3월에 치른 첫 모의고사 평균성적이 전년보다 월등히 높게 나온 적도 있다. 불과 한 달도 안 되는 사이에 학교의 우수한 선생님들이 잘 가르치고 육성했기 때문일까? 순진한 생각일 것이다.

무라카미 하루키의 시니컬한 표현을 빌리자면, 이들은 '그 학교에 입학하기 전부터 이미 우수했던 학생들'이란 얘기이다. 모든 고등학교의 선발권을 없애고 평준화를 달성한다면, 그때부터 학급당 학생 수, 수업의 질 등 육성 효과를 따질 수 있을 것이다. 대한민국에 평등주의자들만 모여 사는 것은 아니므로 이런 일은 발생하기 어렵겠지만 말이다. 어쨌거나 이러한 이유 때문에 학교 유형별로 발생할 수밖에 없는 근본적인 학력 차이를 '수능을 쉽게 내기만 하면 해결될 것'이라 생각하는 정부 발상은 현실과 동떨어진 감이 있다.

학업성적상의 '우수함'과 '그렇지 않음'을 가르는 요인은 무엇일까? 사교육비 투입 비율이 높은 부유한 지역일수록 대입·고입 등 입시 실적이 좋기 때문에, 우리 사회의 소득불평등이 교육불평등으로 연결된다는 식의 연구나 보도가 많다. 이런 관점에서는 사교육비 투입이라는 단일 요소에만 가중치를 둘 뿐, 학생 개개인이 가진 자질이나 특성 등은 전혀 고려하지 않고 있다. 어느 누구나 값비싼 사교육을 꾸준히 받으면 전부 성적이 오르는가? 아니다. 우리가 흔히 사교육 1번지라 부르는 곳은 신체능력이 좋은데 신체조건까지 좋은 자들이 몰린 결과일 수도 있다.

post hoc ergo propter hoc('이 뒤에' '따라서' '이 때문에'를 뜻하는 라틴어로, 단순한 시간의 전후관계를 인과관계와 혼동한 허위 논법을 의미한다). 시간상 선후관계에 불과한 것을 인과관계로 오해하고 있는 것일 수도 있다는 뜻이다. 즉 그곳에 살면서 엄청난 수준의 사교육을 받기 때문에 좋은 입시 실적을 내는 것이 아니라, 애초에 우수하거나 혹은 단순히 높은 사교육비를 부담할 여력이나 의향이 있는 사람들이 (시간적으로 선행) 교육 편의성 등의 이유로 모여 있는 것(시간적으로 뒤)일 수도 있다는 말이다.

우수함과 그렇지 않음을 가르는 학생 개개인의 자질에는 어떤 것이 있을까? 나중을 위해서 자신의 즉각적인 만족을 지연시킬 수 있는 만족지연능력(ability to delay gratification)도 중요한 자질 중 하나일 것이다.

이 능력과 관련하여 스탠퍼드대학교에서 행한 종단연구 케이스가 있다. 해당 연구에서는 네 살짜리 어린이 한 명을 책상이 있는 방에 혼자 두었다. 책상 위에는 마시멜로가 하나 담긴 접시가 놓여 있고, 아이에게 이렇게 얘기한다. 15분 동안 이것을 먹지 않는다면 끝나고 나서 마시멜로를 하나 더 주겠다고 말이다. 대부분 마시멜로를 바로 먹어치웠지만 유혹을 견뎠던 어린이들도 있었다. 유혹을 견뎠던 어린이들이 가장 많이 사용했던 방법은 회피 전략으로, 마시멜로에서 시선을 돌리거나 다른 생각에 골똘히 잠기면서 실험에 참가했다. 연구진은 이 어린이들을 15년 후 추적조사하였다. 그랬더니 마시멜로 하나를 놓고 15분의 내적 갈등을 견뎠던 어린이들은 그렇지 못했던 어린이들에 비해 훨씬 성공적인 인생을 살고 있다는 결과가 나타났다. 성적, 인간관계, 미래에 대한 계획, 규칙 준수도, 인생에 대한 만족도 등 전반적인 면에서 월등히 나은 사람들로 성장해 있었다는 것이다. 이러한 만족지연능력이나 향상에 대한 욕구조차 없는 학생에게 고액의 사교육을 들입다 시키면 우수해질 수 있다는 주장에 필자는 선뜻 동의하기 어렵다.

한 인간의 미래 성공 가능성에 관한 현실성 있는 지표를 하나 꼽으라면 '바로 지금' '바로 여기'에서 당신이 어떤 캐릭터나 자질을 가지고 무슨 활동을 하며 살고 있느냐 일 것이다. 손에 든 마시멜로는 들고 있거나 먹거나 둘 중 하나는 해야 한다. 들고 있고도 싶고 먹고 싶기도 해서야 마시멜로가 남아날 것 같지 않아서 하는 말이다.

고입 및 대입의 사회적 확장 현상

《맹자(孟子)》에는 '항산(恒産)이 없다면 항심(恒心)도 없다'는 말이 나온다. '항산'은 생활을 유지시켜줄 수 있는 일정한 물질적 토대를 의미한다. '항심'은 정신적 동요가 없는 평상심을 가리킨다.

'3일 굶으면 군자도 담을 넘는다'고 했던가. 먹고살 물질적 토대 없이 사람 구실을 하기는 예나 지금이나 힘든 것이다. 인생을 먼저 살아본 학부형은 자신의 자녀들이 이러한 항산의 토대를 갖춘 사회 구성원으로 성장하기 바란다. 부모의 의견에 동조하지 않던 자식도 대학 졸업반이 되고 나면 생각이 바뀐다. 요즘 대학가 분위기는 어떨까?

대학가에는 현재 '취업을 하기 위해서는 9대 스펙이 필요하다'는 이야기가 떠돈다. 대학생들이 생각하는 취업용 9대 스펙의 면면은 다음과 같다. 학벌, 학점, 토익, 어학연수, 자격증, 봉사 활동, 인턴 활동, 수상 경력, 각종 대외 활동.

대학생들이 스펙에 목을 매는 이유는 간단하다. 취업시장에 두텁게 쳐 있는 진입장벽(entry barrier)을 돌파하기 위해서이다. 고입이나 대입처럼 적어서 불이익을 받는 기재 배제사항도 없으니 무한 경쟁에 매달릴 수밖에 없는 구조로 흘러온 것이다.

바로 이 취업에 필요하다는 스펙 구성 요소를 뜯어보다가 재미있는 점을 발견했다. 중학교 학생들과 학부형이 특목고·자사고에 합격하기 위해서 필요하다고 생각했던 것과 별다를 게 없어 보이는 것이다.

과거에는 이런 스펙 경쟁이 치열했다. 하지만 정부가 제동을 걸고 나섰다. 이런 스펙을 적을 경우 감점이라는 페널티를 주기 시작한 것이다. 물론 감점을 감수하면서까지 적는 이들도 있기는 했다. 하지만

2015학년도부터 고입 자기주도학습전형 자기소개서에 이런 사항을 기재하였을 경우 0점 처리하기로 하면서 상황은 달라지고 있다. 현재 입시는 이런 것만으로 결정이 나지 않는다. 전공 적합성·학업적 역량·인문학적 소양이 배어 있는, 차별화된 스토리로 결정이 난다.

고입뿐일까? 대입, 나아가 기업 입사까지도 이와 비슷한 흐름으로 흘러가고 있다.

"대부분의 스펙 관련 항목을 없앤다. 사진, 외국어성적, IT 활용능력, 해외 경험, 수상 경력 같은 항목을 제외한다는 말이다. 지원자의 가치관이 담긴 자기소개서가 가장 중요한 서류전형 지표가 될 것이다."

이 말은 누구의 발언일까? 유명 특목고나 자사고 입학담당관의 발언일까? 이것은 입학담당관의 발언이 아니다. 2016년 3월 5일, 상반기 대졸 신입사원 채용 가이드라인 발표 때 SK그룹 부사장이 한 말이었다. 단, 최소한의 검증을 위해 학력과 전공, 학점 같은 정보는 제시토록 하고, 해외 영업직이나 제약 연구 분야 등 특정 직무에 한해서는 외국어성적과 관련 자격증을 요구한다. 직무수행능력은 면접과 인턴십 등을 통해 검증할 예정이라고 한다.

이렇게 신규 채용 시 최소한의 판단 자료로 전공과 학점 등을 참고할 뿐 불필요한 스펙을 반영하지 않겠다는 사기업이 늘어나고 있다. 이른바 스펙 파괴 채용이다.

공기업은 어떨까? 앞으로 국가직무능력표준(NCS, National Competency Standards)을 활용하여 인재를 선발해야 한다. 국가직무능력표준이란 취업을 위해 단순한 스펙 쌓기 경쟁만 하는 세태를 개선하겠다며 산업 현장에서 실제 직무를 수행하기 위해 요구되는 지식·기술·태도 등의 내용과 이 능력을 평가하는 기법을 정부가 체계적으로 정리한 표준화시스템을 말한다. 이 시스템하에서는 직무에 필요한 개인의 능력을 점수화하여 해당 직무에 어느 정도 적합한지 알려준다. 9대 스펙 대신 직무에 필요한 역량만을 평가하여 채용하라는 주문인 것이다.

2013년 일부 공공기관 위주로 진행하던 것을 2016년에는 예금보험공사 등 230개 공공기관으로 확대되었다. 2017년부터는 정부 중앙부처 산하 321개 공공기관 모두 국가직무능력표준을 통해 신입 및 경력 사원을 채용하여야 한다. 장차 사기업도 이를 활용하게끔 하겠다는 것이 정부의 계획이다. 이미 현대자동차나 삼성전자 등의 기업도 지원 서류에 학점·어학성적 기재를 삭제 또는 축소하고, 직무능력평가를 강화하고 있다.

입사지원서에 증명사진은 물론 공인 외국어성적이나 IT 활용능력 자격증 같은 스펙 기입란이 사라진다니 현재의 '고입 자기주도학습전형' '대입 학생부종합전형'에서 요구하는 스펙 관련 기재 배제사항과 궤를 같이하는 것처럼 보인다는 것이 필자만의 생각은 아닐 터이다.

시작은 몇몇 기업이 주도하였을지 모르나 이러한 시도가 성공적이라는 평가가 나온다면 향후 입사 채용의 전반적인 흐름으로 정착될 가능성이 높다.

국가직무능력표준과 관련하여 한 공기업 인사 관계자가 남긴 다음과 같은 말이 인상 깊었다.

"국가직무능력표준에서 가장 중요한 것은 '직무 역량'이다. 직무 중심 인턴 활동이나 아르바이트, 프로젝트 경험을 지원서에 담아내면 좋다."

이를 고입 자기주도학습전형에 대입하여 바꾸어보면 다음과 같을 것이다.

"자기주도학습전형에서 가장 중요한 것은 '학업 역량'이다. 학업 혹은 진로 중심 활동이나 인문학적 소양 중심 동아리 활동 등 다양한 프로젝트 경험을 자기소개서에 담아내면 좋다."

'지피지기 백전백승'이란 말은 《손자병법》에 안 나온다

세상에는 다양한 유형의 학부형이 있다. 일전에 어느 학부형이 중3 따님과 함께 컨설팅을 받으러 온 적이 있다. 조언이나 정보를 얻으러 왔음에도 불구하고 뭐랄까, 초면부터 상대보다 우위에 있다는 것을 분명히 하려는 태도가 역력했다. 첫째를 서울대에 보내고 이제 두 번째 전쟁을 준비 중인 전형적인 대치동 어머님이었는데, 이런저런 이야기가 오가던 도중 그분이 건넨 말은 이랬다.

"소장님, 저는 뒤가 없습니다. 외대부고 진학 후 서울대 입학, 그 외의 시나리오는 전혀 제 머릿속에는 없습니다. 《손자병법》에 나오는 것처럼 지피지기면 백전백승. 궁금한 것 전부 다 물어보고 꼭 이 시나리오대로 갈 겁니다."

기백은 좋으나 무언가 단단히 잘못 알고 있다.

첫째, 인생은 단절적이 아니라 연속적으로 돌아간다.

인생을 단절적으로 생각하는 사람들의 특징은 '모모 고등학교 들어가면' '모모 대학교 입학하면' 인생이 전부 성공하는 것이고 그렇지 않으면 인생 끝나는 줄 안다. 입시 결과가 발표나면 각 학교 입학 홍보부실로 전화가 빗발친다. 합격한 학생 전화는 한 통도 없다. 전부 불합격한 학생을 둔 학부형이 건 전화다. 전화해서는 점수 공개하라며 불같이 화를 내거나 다시 한 번 기회를 줄 수 없는가 하고 펑펑 운다.

기말고사 끝났다고, 원하는 전형 결과가 나오지 않았다고 해서 인생도 끝나는 게 아니지 않은가? 이 일이 끝나면 저 일이 다가오는 일의 연속, 끝도 없는 반복, 그것이 세상이고 인생이다. 이런 것도 깨닫지 못한 체 어른 행세를 하는 사람들이 많은 사회가 우리나라이다.

둘째, 세상에 '지피지기 백전백승(知彼知己 百戰百勝)'이란 말은 존재하지 않는다.

듣거나 볼 때마다 거슬리는 문구이다. 이 고사성어의 출처는《손자병법》이되 사실은《손자병법》이 아니다. 그 이유인즉《손자병법》〈모공편(謀攻篇)〉에 일단 다음과 같은 내용이 등장하기는 하기 때문이다.

知彼知己 百戰不殆 지피지기 백전불태
상대를 알고 나 자신도 알 경우, 모든 전투가 위태롭지 않다.

不知彼而知己 一勝一負 부지피이지기 일승일부
상대를 모르지만 나 자신은 알 경우, 승패가 반반이다.

不知彼不知己 每戰必敗 부지피부지기 매전필패
상대를 모르고 나 자신도 모를 경우, 모든 전투에 반드시 진다.

원서에는 지피지기 백전불태(知彼知己 百戰不殆)라고 되어 있지, 지피지기 백전백승(知彼知己 百戰百勝)이라고는 되어 있지 않다. 그렇다면 '백전불태'에 쓰인 태(殆) 자는 무슨 의미일까? 다음을 참고하자.

殆(태)

1. 거의, 대개

2. 장차

3. 반드시, 마땅히

4. 위태하다, 위험하다

5. 위태롭게 하다

6. 해치다

7. 의심하다

8. 피곤하다

9. 두려워하다

10. 게으르다

11. 가깝다, 비슷하다

후보에 오를 수 있는 것은 4번 '위태하다' '위험하다'는 뜻과 9번 '두려워하다'는 뜻이다. 원문에 목적어가 보이지 않으므로 타동사 용례인 5번은 아닐 것이다.

내친 김에 1910년 라이오넬 자일스(Lionel Giles)가 번역한 《손자병법》의 해당 부분을 살펴보자. 《손자병법》은 일본의 《오륜서(五輪書)》(미야모토 무사시 저)와 함께 영미권에서도 활발하게 번역된 병법서에 속한다. 물론 후자의 경우 병법서라기보다는 '人對人 백병전'에 관한 책이긴 하지만 크게 보면 같은 카테고리로 묶을 수 있다.

If you know the enemy and know yourself, you need not fear the result of a hundred battles.

이를 해석해보자.

적을 알고 너 자신을 알면, 전투를 백 번 해도(아무리 전투를 많이 하더라도) 결과를 두려워할 필요가 없다.

라이오넬 자일스는 9번 뜻을 차용하여 번역한 것으로 볼 수 있다. 이 역시 '모두 이긴다' '전승(全勝)한다' 같은 황당무계한 번역은 안 되어 있다.

사실이 이런데도 방송이나 신문에서 이를 버젓이 잘못 인용힌다. 《손자병법》엔 정작 이런 말이 나오지도 않는데, 인용하면서 앞에 꼭 《손자병법》을 갖다 붙인다. 요컨대 필자가 보기에 《손자병법》에 이르기를 지피지기면 백전백승'이라는 말 자체가 우리나라에서는 하나로

죽 이어진 고사성어처럼 쓰이고 있다는 것이다. 원작자인 손무(孫武)의 진의가 왜곡되고 있는 셈이다.

필자는 손무가 4번 뜻으로 해당 문장을 기술하였다고 생각한다. 즉 '위태롭지 않다'는 뜻이다. 해당 부분에 이어지는 두 번째 문장(不知彼而知己 一勝一負)과 세 번째 문장(不知彼不知己 每戰必敗)을 음미해보면 그 태도가 단호하다. '승률이 50퍼센트' '반드시 진다'라고 되어 있지만 첫 번째 문장의 맛은 매우 신중하다. 실전을 두루 겪어본 병가(兵家)의 수장으로서 그 어떤 것도 100퍼센트 승리를 보장하지 못한다는 것쯤은 스스로 잘 알고 있는 것이다.

전쟁이든 전형이든, 모든 겨룸에는 100퍼센트 승리라는 것이 애초 있을 수가 없다. '매번 싸워서 매번 이긴다' '백전백승이다' '승률이 100퍼센트다' 같은 황당한 이야기는 허구적 전설은 될 수 있을지언정 구체적 전적은 될 수 없는 것이다.

전형에 관한 핵심 정보를 쥐고 있고 그에 맞춘 대비를 할 수 있으니 덜 위태로울 뿐 전형의 당락은 그와는 전혀 다른 차원의 문제이니까 말이다. 분명히 하자. 적을 알고 나를 알아도 다 이길 수는 없다. 위태롭지만 않을 뿐이다. 전형을 알고 나를 알아도 다 합격할 수는 없다. 위태롭지만 않을 뿐이다. 반성들 좀 해야 할 타이밍이다.

컨설팅이 끝나갈 즈음, 학부형이 이런 질문을 던졌다.

"선생님이 보시기엔 저희 꼬맹이가 어떻습니까? 이 정도면 외대부고에 합격할 수 있을까요, 없을까요?"

"저는 점쟁이 흉내는 내지 않는다는 원칙이 있기 때문에 합격할 수 있느냐 없느냐는 말씀드리지 않습니다. 단 우수해 보이는지, 보이지 않는지는 말씀드릴 수 있겠네요."

"그런가요? 그럼 우수해 보이기는 하나요?"

"얼굴에서 똑똑함이 뚝뚝 떨어지네요. 하지만 보디랭귀지에 몇 가지 문제가 좀 있어요. 면접은 상대를 제압해야 자신에게 득이 되는 디베이트가 아닙니다. 그것과는 전혀 다른 룰이 지배하는 발화 형태입니다. 답변을 통해 상대를 납득시키고 자신의 편이 되어줄 수 있도록 끌어당기는 것이죠. 일단 디베이트에 익숙한지 어투 자체가 공격적이네요. 적극적인 것과 공격적인 것은 달라요. 그런 것도 구별할 줄 모르는 면접관은 없습니다. 그리고 들어와서 자리에 앉은 후 계속 다리를 꼰 상태로 까닥거리고 있습니다. 어른 앞인데도 말이죠."

좋은 결과가 있기를 바란다는 말을 끝으로 컨설팅을 마쳤다. 지피지기면 백전불태이다. 학부형이 자기주도적으로 전형도 속속들이 알고, 해당 고교에 대한 정보도 쥐고 있고, 자기소개서나 면접 트렌드까지 꿰고 있는데, 돈으로 지원까지 아끼지 않으면 승리(합격)가 100퍼센트 보장될 것이라고 믿는 사고방식에 쓴웃음이 나왔을 뿐이다.

면접관들은 실제로 성숙한 사고방식을 가지고 있고, 이를 면접장

에서 입증할 수 있는 지원자를 선호하는 심리를 가지고 있다는 것을
부디 잊지 말자.

Chapter 2

면접의 기초,
서류 이해하기

정량평가에서
정성평가의 시대로 변했다

숫자 대신 글과 말로 표현되는 시대

고려대에서는 2018학년도 입시(2016년 현재 고 2 학생부터 해당)부터 논술고사를 완전히 폐지할 것이라는 방침을 밝힌 바 있다. 서울대에 이어 정시논술, 수시논술을 모두 폐지하겠다는 것이다. 이렇게 구조 조정된 자리에 고교추천전형이 들어선다. 고교추천전형은 학생부교과(2017년 기준 정원의 16.7퍼센트 선발) + 학생부종합 체제이다. 고려대 학생부종합전형에는 무려 61.5퍼센트에 달하는 선발 인원이 배정된다. 전자가 학생부교과성적 위주로 뽑는 것이라면, 후자는 고등학교에서 대학의 인재상에 맞는 학생을 추천하는 방식이다.

　고려대, 서울대, 서강대 등 주요 대학들에서 왜 전형방식을 바꾸고 있는 것일까? 수능 점수, 즉 '정량평가'의 변별력이 떨어지고 있기 때문이다.

　정량평가란 비교할 수 있는 기준 자체가 명확하여, 그 기준에 대비해서 평가하는 방법을 가리킨다. 쉽게 말해서 수치화된 평가를 의미한다. 예컨대 중간고사 수학 100점, 올림피아드대회 1위, 3년 내내 전교 1등, 토익 910점, 수능 점수 등이 이에 해당한다.

　'정성평가'는 정량평가와 같이 계수, 계량화하기 어려운 부문을 '종합적'으로 평가하는 경우에 사용하는 평가방식을 가리킨다. 이 '종합적'이라는 표현과 관련하여 〈2017학년도 서울대학교 학생부종합전형 안내〉 책자에 다음과 같은 내용이 기술되어 있다.

　점수 위주의 선발방식에서는 매우 미미한 점수 차에 의해 합격과 불합격이 결정됩니다. 이 같은 방식은 간단하고 편리한 선발방식이지만 창의적 인재를 필요로 하는 대학과 사회의 요구에 부응하는 적절한 방식인지는 의문입니다. 서울대학교는 학생들의 학업능력과 발전 가능성을 면밀히 평가하기 위해 수치의 단순한 합산을 넘어서는 평가방식을 고민하게 되었습니다. 그 결과 '학교생활기록부 내용에 기반한 종합적이고 다면적인 평가'를 도입하게 되었습니다. 이는 교과

성적, 교내외 활동의 결과만을 평가하는 것이 아니라 그 동기와 과정까지 다면적이고 심층적으로 평가하는 방법입니다.

종합적인 평가방식의 가장 큰 의의는 각각의 점수를 단순히 합산하는 방식으로는 평가할 수 없는 학생들의 학업능력과 잠재력을 더욱 면밀하게 평가할 수 있다는 점입니다. 그리고 학생들이 대부분의 시간을 보내는 고등학교에서 이루어지는 활동과 노력을 중심으로 평가하기 때문에 학생들이 학교교육 안에서 성장하는 데에 기여할 수 있습니다.

고려대 입학처장의 다음 발언에서 평가자들의 고민을 엿볼 수 있을 것이다.

수능이라는 제도가 지금처럼 변별력이 없다면 수능 점수로 학생을 뽑는 것은 불가능하다. 정시를 줄여나가되 정시를 폐지할지는 수능을 지켜보고 결정하겠다.

이렇듯 정량평가의 변별력이 떨어져가는 것이 사실인 만큼 수고롭더라도 학생부, 자소서 같은 서류와 면접 등의 정성평가를 대안으로 삼을 수밖에 없다는 뜻이다. 이들의 고민은 고등학교, 중학교 일선 현장에 순차적으로 전달될 것이다.

이미 중학교에서는 교과성적이 A, B, C, D, E로 두루뭉술하게 나오고 있다. 각 선발 고등학교에서는 원점수를 철저하게 반영하여 선발하던 시절만 생각하고 이런 변별력으로 어떻게 학생을 선발하라는 말이냐고 크게 반발했지만 그것도 전부 과거의 일일 뿐이다. 이미 3년째 이렇게 뽑고 있다.

요즘은 자신의 우수함을 각종 서류에서는 글로, 면접에서는 말로 어필해야 하는 시대이다. 자신의 우수성을 글과 말로 표현하라고 했다고 하여 이를 오해하고 그 속에 정량적 표현을 담아서는 곤란하다. '고입자기주도학습전형'에서 교육부가 부쩍 강조하고 있는 자기소개서 기재 배제사항의 핵심이 바로 이것이다. 다른 지원자보다 정량적으로 우수하다는 점을 자기소개서에서나 면접에서 어필하지 말라는 것이다.

수치 없이도 읽는 이가 지원자의 우수성을 깨달을 수 있도록 글로 쓰고 말로 하여야 할 것이다. 수치로 나타내지 말라는 말의 의미를 오해하여 'ㅇㅇ수학경시대회를 석권하였다'라고 우회적으로 써도 곤란하다. 아라비아숫자만 들어가지 않았을 뿐 결국 같은 의미이기 때문에 똑같이 0점이나 감점을 받는다. 다음과 같이 작성된 교사추천서가 있다고 해보자.

지원자는 영어, 수학, 물리, 화학 분야에서 저희 학교의 자랑거리입니다. 교내 수학경시대회를 석권하여 학교 대표로 교육청대회에서 그 역량을 뽐내었을 뿐만 아니라, 전국 수학 잘하는 학생이 모여 경연을 펼치는 곳에서도 모교를 빛냈습니다. 물리와 화학 분야는 대학 과정까지 심화 학습하여 그 실력을 전국에 떨쳤습니다. 전국과학전람회에 작품을 출품한 바 있고 유럽권 EXPO에는 국가대표 자격으로 작품을 전시하기도 했습니다.

매 문장이 전부 기재 배제사항을 위반하고 있다. 이것은 학생이 쓴 자기소개서가 아닌 선생님이 쓴 교사추천서라 0점을 주지는 않는다. 0점 처리만 못 할 뿐, 전부 도말 처리하여 평가에 반영하지 못하게 되어 있다. 만약 학생이 자기소개서를 이런 식으로 기술하였다면 그 순간 바로 0점이다. 용빼는 재주가 있다고 할지라도 합격하기는 어렵다.

이러한 시대에 대한 대응책은? 학생부는 학교생활이 담긴 자신의 이력서와 같으므로 1학년 때부터 신경을 써두어야 한다. 평가기준이 세밀해지고 있기 때문에 체험 활동, 탐구 활동, 동아리 활동, 독서 활동 등 모든 것이 학생부 속에 아카데믹하게 배어 있어야 한다. 자소서는 자신의 이력 중 알맹이만 추려내어 어필하는 것이므로, 당연히 이력 자체를 충실하게 해두는 것이 먼저이다.

면접은 서류에 담긴 모든 내용이 사실이며 자신이 우수한 인재라는 것을 확인시켜주는 과정이라는 점을 인식하자. 면접은 진로와 관련된 융합적 탐구 활동을 고민하거나 수행해보지 않았다면 답하기 어려운 질문을 던지는 추세가 뚜렷하다. 최근 상산고 면접에 등장한 질문을 보자.

토폴로지의 특성을 심리학에 어떻게 대응시킬 수 있는가?

합격생의 대답이 다음과 같았다.

토폴로지는 어떤 도형이나 사물이 가지는 특성을 연구하고 공통된 특성을 가진 것끼리 분류하여 공통된 특성인 도형의 불변성을 연구하는 분야를 가리킵니다. 심리학이나 정신의학과 같은 분야에서는 주로 마음의 병인 정신 질환에 대해 다루고 그러한 병을 치료하기 위해서는 정신분석과 같은 것을 통해 그 병의 본질적인 원인을 찾아내는 것이 중요합니다. 따라서 도형이나 사물을 단순화시켜 문제 해결을 도와주는 토폴로지의 특성을 정신 질환 치료에 적용할 경우, 복잡해 보이는 병의 근본 원인을 단순화시켜 좀 더 치료가 수월해질 수 있습니다.

교과성적 전교 1등이라는 사실이 수월한 상급학교 진학을 담보해주지 않는 시대이다.

자기주도학습전형 서류 준비의 중요성

'물은 위에서 아래로 흐르지만, 돈은 아래에서 위로 흐른다'는 말이 있다. 한정된 돈은 돌고 돌지만 아래에서 위로 흐르기에 가난한 사람은 계속 가난하고, 부자는 계속 부자가 될 가능성이 높다는 의미이다. 전 세계 주요 국가의 조세(租稅) 자료를 분석해 부(富)가 상위 소수 계층에게 집중되는 현상을 실증한 경제 서적이 출간된 적도 있다. 대입, 고입 등의 입학전형은 어떨까? 아마 이렇게 말할 수 있을 것이다.

> 학생은 하급학교에서 상급학교로 진학하지만, 상급학교의 입학전형
> (대입전형)은 하급학교(고입전형)의 입학전형에 영향을 끼친다.

그러므로 우선 대입전형을 살펴볼 필요가 있다. 2017학년도 대입전형 전체 모집인원은 총 35만5,745명으로 16학년도보다 9,564명 감소했다. 수시모집에서 전년 대비 3.2퍼센트 증가한 69.9퍼센트

인 24만8,669명, 정시모집에서 전체 모집인원의 30.1퍼센트인 10만 7,076명을 선발한다. 수시 모집 비중이 정시의 곱절인 것이다.

왜 수시 비율이 늘어날까? 여기에는 몇 가지 이유가 있다.

첫째, 도입 취지와 맞지 않게 수능이 변질되면서, 대학 측에서는 수능성적이라는 객관적 단일 요소를 회의적으로 본다. 최상위권 우수 인재선발을 위한 변별력 확보를 위해서는 어쩔 수가 없다는 변(辯)이다.

둘째, 사회가 다변화되면서 한 인재의 학습지능뿐만 아니라 관계지능까지 고려할 필요성이 생겼다. 공부를 잘하는 것은 (여전히) 중요하나, 협업을 통한 과제 해결 등 타인과 관계를 얼마나 잘 맺을 수 있느냐 하는 것도 중요해졌다는 말이다. 학생부종합전형 등을 통해 다면 평가를 해보려는 것이 모두 이런 까닭이다.

고입전형은 어떨까? 비록 자기주도학습전형이라는 단일한 외형을 띠고 있기는 하지만, 그 속을 들여다보면 대입전형과 비슷한 상황이 연출되고 있다. 고등학교, 대학교를 가릴 것 없이 모든 선발권자들은 출신학교나 지역 등의 요인에 따라 내신성적이라는 객관적 단일 요소의 가치가 달라진다고 본다. 그렇다고 고입전형에 출신학교나 지역에 따른 가중치를 부과하여 (중학교 등급제) 내신성적을 보정할 수 있을까? 불법이다.

설상가상으로 지난 2015학년도 자기주도학습전형부터는 1단계 내신성적 반영(출결 점수 포함) 시 성취평가등급(A, B, C, D, E)만을 반영하게끔 변경되었다. 고입용 옵션을 선택하여 생활기록부를 출력하면 90점, 100점 등의 원(래)점수가 아예 나오지조차 않는다. 상황이 이렇기 때문에 내신성적은 전혀 중요하지 않게 된 것일까? 그렇지는 않다. 2단계 서류평가 및 면접평가로 가는 결정권은 여전히 내신성적에 달려 있다. 정확하게 말하자면, 내신성적의 변별력이 떨어졌을 뿐이다.

자연히 고등학교 측에서는 떨어진 변별력을 2단계 서류평가 및 면접평가에서 끌어올리고자 할 수밖에 없다. 2단계 서류평가의 구성요소는 지원자의 '생활기록부' '자기소개서' '교사추천서' 세 가지이다. 이 중 생활기록부는 3년간의 중학교 생활이 한 번에 드러나는 중요 서류이므로, 지원 고교가 제시한 작성 기준일에 맞추어 교과 및 비교과의 내용을 평소 미리미리 챙겨둘 필요가 있다. 시간이 지나서는 바꿀 수가 없다.

자기소개서는 생활기록부만으로는 확인하기 어려운 지원자 개개인의 차별화된 특성을 어필할 수 있는 서류라는 점을 인식하자. 하나 짚고 넘어갈 것은, 생활기록부와 자기소개서를 전혀 별개의 서류인 것으로 인식해서는 곤란하다는 점이다. 자신의 생활기록부에 근간을 두고 자기소개서를 작성하는 것이 합당한 방향이다. 회사에 지원하고자 하는 사람의 자기소개서가 자신의 이력서에 근간을 두는 것과 같은 이치이다.

현재 서류평가 시 각종 인증시험 점수, 자격증, 중학교 전교 석차, (교내·교외를 막론하고) 각종 경시대회 수상 실적 등을 기재하거나 제출하는 것은 금지되어 있다. 이러한 룰을 지키면서 자신의 학업적 역량, 전공 적합도 등을 어필할 수 있는 방법을 모색해야 한다. 활동 중심의 내용을 생활기록부나 자기소개서 등에 담아내는 것이 좋다. 활동 내용이나 결과가 탁월하다면 더욱 좋을 것이다.

과거 몇몇 고등학교를 중심으로 2단계 서류평가를 1단계에 넣을 수 있도록 하자는 움직임이 있었다. 1단계 내신성적 변별력 약화로 동점자가 양산되는 탓에, 2단계 평가 대상자가 5배수가 넘는 등 여러 가지 문제가 노출되었기 때문이다. 하지만 객관적 평가(내신성적)가 아닌 주관적 평가(서류)가 개입될 소지가 있다고 보아 2단계에서 평가하도록 정한 교육부의 원칙은 현재까지 번복되지 않고 준수되고 있다.

학업적 역량이 탁월하고 인성까지 갖춘 학생들을 선발하고 싶은 것이 모든 선발권자들의 마음일 것이다. 서울 방식 자기주도학습전형은 1단계에서 내신성적을 보지 않고 추첨을 한다.

서울 이외 방식을 택하고 있는 고등학교 자기주도학습전형의 큰 틀은 1단계 내신성적(+ 출결 점수), 2단계 서류 및 면접이다. 외대부고, 상산고, 민사고 등 전국 단위 선발을 하는 학교와 비록 서울 지역에 있긴 하지만 하나고가 바로 서울 이외 방식을 택하고 있다.

1단계 내신성적에 원점수가 반영되던 때는 학업적 역량에 대한 기본 검증이 1단계에서 끝났다. 지원자들의 성적을 점수대별로 세밀하게 비교하여 그 우열을 판별할 수 있었기 때문이다.

하지만 내신성적이 A, B, C, D, E 성취평가등급만을 반영하도록 바뀌면서 1단계는 지원자의 기본적 성실성 검증 단계 정도로 인식되고 있는 상황이다. 큰 변별력을 기대하기 힘들어졌기 때문이다. 2단계 서류 및 면접평가의 중요성이 커진 배경이다. 고교별로 서류와 개별면접이 당락을 결정하게 될 것이라거나 면접 시간만 15분을 할애할 예정이라는 것이 전부 이런 이유 때문이다. 모두가 2단계에서 학생의 학업적 역량을 철저히 검증하겠다는 의도이다. 그러므로 단지 서류를 채우겠다는 의도만으로 어설픈 동아리 활동, 소논문 작성을 하는 것보다는 더욱 경쟁력 있는 활동으로 최종 면접관들에게 어필할 필요가 있다.

자기주도학습전형 서류 준비 시
유념 사항

· · · · · · · · · ·

고입 자기주도학습전형 2단계는 서류평가와 면접평가 점수가 합산되어 나온다. 서류를 준비하면서 놓치지 말아야 할 몇 가지 사항을 짚어보자.

학교생활기록부

2016학년도 전형부터 '외대부고나 상산고에서는 특이사항이나 기타 질문 거리가 있을 경우 학교생활기록부에서도 개별면접 질문을 할 수도 있다'고 예고한 바 있다. 원래는 자기소개서에서만 개별면접 질문이 나왔다. 학생부에 평가자들이 평가할 거리가 풍성하게 차 있으려면 사실 중학교 입학 때부터 신경을 써두는 것이 좋지만, 그렇지 못한 경우가 많은 게 현실이다.

지원하려는 고등학교별로 전형요강을 꼼꼼히 살펴보자. 중학교 학교생활기록부 기재 마감일이 적혀 있을 것이다. 마감일 전까지 조금이라도 더 기재할 요소가 없는지 따져보거나 그도 아니면 자기소개서에서 자신의 역량을 드러내는 데 집중하도록 하자. 학교생활기록부는 꼼꼼히 정독하면서 자신의 장점과 단점 및 평가자들이 궁금해서 더 묻고 싶어 할 만한 요소를 미리 파악해두는 것이 좋겠다.

자기소개서

평가자들은 학생부와 자기소개서를 비교해보는 경우가 잦다. 그렇기 때문에 자기소개서는 자신의 학생부 및 비전에 근거하여 작성하는 것이 가장 좋다. 그렇지 않은 자소서는 '~하겠다' '~할 것이다' '~하고 싶다' 등 공허한 선언적 진술로 흘러가는 경향이 많기 때문이다. 서류평가자들은 '~할 예정'인 지원자의 미래가 아닌, 확고부동하게 서술되어 있는 과거에서 성장 가능성을 추출하려고 한다.

즉 '무엇을 할 것이냐'가 아니라 '무엇을 했느냐'가 더 중요하다는 것이다. 단, 학생부가 지나치게 빈약한 경우라면 자기소개서에서 다른 방법을 모색해야 할 것이다.

자기소개서를 작성하기 전에 지시사항을 잘 살펴보자. 자기주도 학습과정, 지원 동기, 입학 후 활동 계획 및 졸업 후 진로 계획, 인성과 관련한 개인적 경험 등의 항목을 구체적으로 기술하라고 요구하고 있다. 가장 중요한 것은 자신의 학업적 역량을 드러낼 수 있는 자기주도 학습과정일 것이다. 그렇다고 다른 항목을 빠뜨리고 기술하지 않거나 하면 곤란하다. 학교마다 평가항목당 주안점과 배점은 다를 수 있지만, 평가항목이 빠지거나 하는 법은 없으니까 말이다.

만약 쓰라고 한 부분을 빠뜨렸다면? 서류평가자들이 난감해하지 않겠는가? 점수를 주긴 해야겠는데 할 수 없다 보니 해당 항목에 중간 지대의 점수를 주거나 한다. 지원자 입장에서 그런 일이 반복되다

보면 시나브로 점수가 깎여나간다.

자기소개서 평가 과정에 대한 이해를 돕기 위해 이를 단순화해보자. 어떤 특목고의 자기소개서 평가지가 네 개의 평가항목으로 이루어져 있고, 평가항목당 점수 배점은 10점, 평가항목의 점수 급간은 2점씩이라고 가정하자. 다음과 같은 배치가 나올 것이다.

참고로 다음 표는 보여주기 위한 예시일 뿐, 이 '평가항목' 및 '평가지표'대로 활용하는 선발고등학교는 없다. 영역별 평가항목, 평가지표, 배점 등을 학교별로 재량껏 정할 수 있으며, 전부 대외비로 관리한다.

영 역	평가항목	평가지표
자기주도 학습영역 (30점)	A. 자기주도학습과정과 과정에서 배우고 느낀 점(10점) [2 - 4 - 6 - 8 - 10]	학습 과정의 진정성 및 적절성
	B. 학교 특성과 연계해 지원학과에 관심을 갖게 된 동기 (10점) [2 - 4 - 6 - 8 - 10]	인재상 부합도
	C. 본인의 꿈과 끼를 살리기 위한 활동계획과 졸업 후 진로계획(10점) [2 - 4 - 6 - 8 - 10]	꿈의 구체성과 일관성
인성영역 (10점)	D. 인성영역 활동을 통해 배우고 느낀 점(10점) [2 - 4 - 6 - 8 - 10]	인성 경험의 내면화 정도

모든 지원자들의 자기소개서 평가항목은 중간(6점) 점수에서 시작한다. 이를 마치 기본점수가 주어지는 것으로 오해하면 곤란하다. 평가항목에서 일단 모든 지원자를 가치중립적으로 본다는 의미일 뿐이다. 만약 자기소개서를 읽고 지원자가 우수하고 학교에 꼭 필요한 인재라는 생각이 든다면 점수는 오른쪽으로 향한다. 반대의 경우라면 왼쪽으로 향할 것이다. 땀 흘려 뿌린 씨앗, 잘 추수하도록 하자.

　　자기소개서 작성 시 적지 말아야 할 기재 배제사항에는 어떤 것이 있을까? 〈2017학년도 자기주도학습전형 및 고등학교 입학전형영향 평가 매뉴얼〉에는 다음과 같은 자기소개서 기재 배제사항 및 잘못된 자기소개서 작성 사례를 제시하고 있다.

　　다음 쪽의 자료를 보고 자기소개서 작성을 해보자. 그런 다음 자신이 쓴 자기소개서를 잘 살펴보자.

▶ 다양한 포트폴리오가 담겨 있는가?

▶ 융합적 인재라는 점이 부각되어 있는가?

▶ 자신만의 창의적 관점이 녹아 있는가?

▶ 독서의 수준이나 읽은 후 깨친 점, 인성과 관련한 개인적 경험 같은 사소한 부분에도 자신의 역량이 드러나 있는가?

▶ 왜 그런 책을 읽게 되었는가?

● 본문에 영어 등 각종 **인증시험 점수, 교내·외 각종 대회 입상실적 기재 시 영점 처리, 부모의 사회·경제적 지위 암시 내용 등 기재 시** 학교별 기준을 마련하여 **항목 배점의 10% 이상 감점** 처리

※ 평가 항목 : 자기주도학습과정, 지원동기 및 진로계획, 핵심인성요소에 대한 중학교 활동실적, 인성 영역 활동을 통해 느낀 점

※ 인증시험 및 각종 대회 입상 증빙자료를 참고자료로 제출하는 경우, 우회적·간접적인 진술에도 영점 처리

자기소개서 작성 시 배제 사항

- TOEFL·TOEIC·TEPS·TESL·TOSEL·PELT, HSK, JLPT 등 각종 인증시험 점수, 한국어(국어)·한자 등 능력시험 점수
- 교내·외 각종 대회 입상 실적, 자격증, 영재교육원 교육 및 수료 여부 등
- 부모 및 친인척의 사회·경제적 지위를 암시하는 내용
  예) 부모 및 친인척의 구체적인 직장명이나 직위, 소득수준, 고비용 취미 활동(골프, 승마 등), 학교에서 주관하지 않은 모둠 및 프로젝트 활동(사설 학원 및 기관에서 추진하는 교과 관련 활동) 등
- 지원자 본인을 알 수 있는 이름. 출신중학교 등 인적사항

잘못된 자기소개서의 작성 사례

- 중학교 1학년 때 처음 TOEIC 시험에 응시해 450점을 받았습니다. 이후 영어공부에 매진한 결과 850점을 얻으며 "노력은 결과를 배신하지 않는다."라는 깨달음을 얻게 되었습니다.
- 중2 겨울방학 중 ○○○에서 주최하는 ○○○○ 경시대회에 참가해 2위 입상이라는 쾌거를 올렸습니다.
- 어렸을 적부터 영어 공부를 열심히 해서 영어인증시험에서 최고 수준에 도달하였고, 전국 단위의 대회에 출전하여 매우 우수한 결과를 얻었습니다.
- ○○지검 검사장이신 아버지를 따라 어렸을 때부터 법조인의 꿈을 키웠습니다.

▶ 왜 이런 활동을 하게 되었는가?

▶ 적지 말라고 한 부분을 적지는 않았는가?

자기주도학습전형은 분명한 룰이 존재하는 경쟁이며, 자기소개서 준비나 면접 준비나 근본 원리는 똑같다. 끝도 없는 자문자답 과정을 거치면서 자신에 대해서 알아가는 것이다. 자신의 준비사항에 허점은 없는지 점검해보자.

교사추천서

특유의 온정적인 문화로 인해 '가재는 게 편'식 추천서가 난무해서인지, 우리나라에서는 추천서가 당락에 큰 영향을 끼치지는 않는다. 단, 예외가 있다. 교사추천서는 밀봉되어 인비 처리되므로 지원자나 학부형이 미리 볼 수 없다는 특징이 있다. 여러 가지 압박 상황에서 평소 높이 평가하지 않는 제자에 대해서 군이 추천서를 써주어야 하는 경우, 100에 한두 개 정도는 '가재가 게 편이 아닌' 추천서가 나올 수 있다. 그리고 모든 서류평가자들은 중학교 선생님의 판단을 매우 존중한다고 있다는 점만 일러두겠다. 정리하지면 가점은 없어도 치명적인 감점이 발생할 수 있는 서류가 바로 교사추천서이다.

선생님들은 교사추천서를 어떻게 쓰는 것이 좋을까? 성실, 총명, 예의 바름 등등 별다른 공이 들어가지 않은 추상적 서술은 좋지 않다. 왜 이 학생을 뽑아야 하는지에 대한 구체적 사례를 들어서 쓰는 것이 좋다. 만약 학생에 대한 구체적 얘기를 할 수 없다면 그 학생을 잘 안다고 볼 수 없는 것이 이치이다.

학생부 기록 상태로 학교나 선생님의 수준을 짐작한다

우리가 학생을 교육시키고 교육 결과를 사후 평가하는 것에는 몇 가지 이유가 있다.

첫째, 학생 개개인의 학업 성취도를 확인하고자 하는 이유.

둘째, 학교교육 프로그램이 실제로 얼마만 한 교육 효과를 내고 있는지를 검증하고자 하는 이유.

셋째, 학습 부진자에 대한 식별과 이들에 대한 대책을 마련하려는 이유.

넷째, 학생 개개인이 수행한 교육 활동에 점수를 부과하여 석차나 등급으로 분류한 후 그 결과 값을 상급학교 진학의 척도로 삼고자 하는 이유.

그동안 대한민국에서는 항상 네 번째 이유가 중요했다. 이것이 교육적으로 혹은 정치적으로 옳으냐 그르냐를 필자가 판단해서 강제할 입장은 아니다. 각자 자신의 판단에 따르면 된다. 현실만 짚고 있을 뿐이다.

쉬운 수능, 절대평가, 교내경시 폐지 움직임 등 최근 교육계의 이슈가 가리키는 바는 명확하다. 석차나 등급 등 수치가 의미하는 상징성의 약화이다. 상징성이 약화될 뿐이지 사라지는 것은 아니라는 점을 명심하자. 지원자나 선발자 모두 절대(絕對)라는 화두 속에서 상대(相對)적 우수성을 드러내고 찾아내는 데에 혈안이 된 것은 마찬가지이다.

경쟁 일변도의 상대평가나 교내경시조차 고입에서 반영할 수 없게 되면, 궁극적으로는 활동 중심으로 갈 수밖에 없다. 사실은 또 다른 형태의 경쟁이 시작된 것이다. 지원자 입장에서는 성적이나 경시대회 실적으로 우수성을 드러내려 했다가 된서리를 맞을 수도 있는 상황이니 다른 활로를 찾아야 한다. 학생부 기재 내용의 우수성이 한 해법이 될 수 있다. 특목고 · 자사고에서 대입 학생부종합전형에 강한 학생을 선발하고자 학생부 등의 서류에 심화 공부한 내용과 다양한 활동이 서술된 학생을 선호하는 것이 사실이니까 말이다.

정보경제학은 정보의 경제적 의미를 분석하는 것을 주요 내용으로 하는 경제학의 한 분야이다. 정보경제학에 따르면 사람들은 자신들이 갖고 있는 정보를 바탕으로 최선의 결과를 얻을 수 있도록 의사결정을 한다. 문제는 이 세상에는 항상 정보의 비대칭성(보유 정보의 차이)이 존재할 수밖에 없기 때문에 이것이 합리적인 의사 결정을 방해할 수 있다는 점이다.

예를 들어보자. 실제로 우수한 중학생 A가 있다고 가정하자. A를 오랫동안 지켜본 중학교 선생님의 입장에서는 이 학생에 대한 정보를 많이 알고 있다. 고입 평가자들은 그렇지 않다. 서류나 면접으로만 A를 파악할 수 있을 뿐이다. 애초 보유한 정보에서부터 비대칭성이 존재하는 것이다. 그런데 이러한 정보의 비대칭성을 해결하기 위해서 중학교 선생님이 학생부에 최대한 충실한 정보를 기재해도 모자랄 판에 이마저 제대로 기재하지 않는다면? 실제로는 A보다 우수하지 않아도 학생부 기록 상태가 A보다 충실한 중학생 B가 더 좋은 평가를 받는 역선택이 발생할 수 있다는 것이다. 다음을 보자.

[학생 A] 독서활동상황 기재 내역

생물 분야에 관심이 있어 《생명과학과 세상》(독일생물학협회) 《산책로에서 만난 즐거운 생물학》(위르겐브라터)를 읽고 생명체에 관한 여러 지식을 습득하였고, 그 과정에서 생명체의 작용에 대해 신비로움을 느낌.

[학생 B] 독서활동상황 기재 내역

《담론》(신영복)을 읽던 중, DNA와 인간 존재의 본질을 다룬 부분에 흥미를 느껴, 장래 진로와 연결시켜 생명의 근원에 대해 탐구함. 〈사회생물학에 관한 화이트헤드의 유기체의 철학적 조망〉 등의 논문을 참고하여 사회생물학자들과 반대파의 견해에 대해 이해함. 자신의 의견과 일치하는 반대파의 관점에서 사회생물학자들의 의견을 반박하고 인간의 본질은 유전자가 아닌 문화적인 학습과 전승에 의해 형성된다는 내용을 담은 〈인간 존재의 본질에 영향을 끼치는 DNA 이외의 요소〉라는 보고서를 작성함. 이 과정에서, 생명의 근원에 대한 해답이 내려져야 생명공학자의 연구 활동상의 한계점이 해결될 수 있고 후천적인 학습을 통해 인간이 변화할 수 있다는 겸허한 삶의 자세를 가짐.

이러한 서술상의 차이가 평가자들의 심리에 영향을 끼칠까, 안 끼칠까? 끼칠 수 있다. 학생부 기록 상태를 보면 학교나 선생님의 수준을 짐작할 수 있는 것이 현실인 만큼 상급학교에 제자들을 진학시키고자 하는 중·고등학교 선생님들은 이 점을 명확히 인식해야 할 것이다. 학생들 역시 학생부 입력의 주체는 학교 선생님이지만, 학생부 관리의 주체는 본인이라는 점을 잊지 말자. 평소에 꾸준히 관심을 기울여두어야 하는 것이다. 학생부가 어떻게 구성되어 있는지 알아야 어떻게 채울지도 알 수 있으니 다음 쪽의 표를 참고하자.

09 학교생활기록부 영역별 입력 가능 최대 글자수

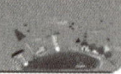

(교육정보시스템, 2016.03. 현재)

영역	세부항목	최대 글자수 (한글 기준)	비고
1. 인적사항	학생 성명	20자	영문 60자
	학부모 성명	15자	영문 55자
	주소	300자	
	특기사항	500자	
2. 학적사항	특기사항	500자	
3. 출결상황	특기사항	500자	
4. 수상경력	수상명	100자	
	참가대상(참가인원)	25자	
5. 자격증 및 인증 취득상황	명칭 또는 종류	100자	2010학년도 이후는 고등학교만 해당
6. 진로희망사항*	희망사유	200자	
7. 창의적 체험활동상황*	자율활동 특기사항	1,000자	
	동아리활동 특기사항	500자	
	봉사활동 특기사항	500자	
	진로활동 특기사항	1,000자	
	봉사활동실적 활동내용	250자	
8. 자유학기활동*	진로탐색활동 특기사항	1,000자	중학교만 해당
	주제선택활동 특기사항	1,000자	중학교만 해당
	예술·체육활동 특기사항	1,000자	중학교만 해당
	동아리활동 특기사항	1,000자	중학교만 해당
9. 교과학습발달상황*	일반과목 세부능력 및 특기사항	과목별 500자	고등학교 전문교과Ⅱ 능력단위별 500자
	개인별 세부능력 및 특기사항	500자	
	예체능과목 특기사항	과목별 500자	
	개인별 특기사항	500자	
10. 독서활동상황*	공통	1,000자	
	과목별	500자	
11. 행동특성 및 종합의견*	행동특성 및 종합의견	1,000자	
12. 학년이력	전공·과정 비고	250자	고등학교

* : 최대 글자수 기준은 학년 단위임.
※ 교육정보시스템에서 입력 글자의 단위는 Byte이며, 한글 1자는 3Byte, 영문·숫자 1자는 1Byte, 엔터(Enter)는 2Byte임.

좋은 자소서 이전에
선발될 가치가 있는 삶이 먼저

그냥 '살아가는' 학생 VS 열심히 '살아내는' 학생

프랑스에서 거주 중인 한 학부형과 전화 컨설팅을 진행한 적이 있었다. 귀국 후 모 자사고 입학을 희망하는 자녀를 둔 학부형이었다.

"학생이 커서 어떤 일을 하고 싶어 하나요?"

필자가 제일 먼저 드렸던 질문이었다. 다음과 같은 답변이 돌아왔다.

"작가, 학자, 정치가 등등 아직 뚜렷이 정한 것은 없다고 합니다."

10대 초·중반의 학생들은 이 학생처럼 자신의 진로를 정하지 못한 경우가 많다. 정한 학생이라 할지라도 상당 부분 간접 정보(텔레비전 속에 등장하는 직업이나 부모님이 선망하는 직업)에 영향을 받은 경우가 흔하다.

성장 과정 중에 바꾸는 한이 있더라도 일단 현 단계에서 자신이 꿈꾸는 진로를 정해두는 편이 낫다. 적어도 진학과 관련해서는.

왜 그럴까? 진로에 대한 애매모호함이야말로 학업적 역량에 관한 불확실성과 더불어 자기소개서에서 가장 피해야 할 요소 중 하나이기 때문이다. 하고자 하는 바가 명확해야 자신의 스토리가 배어 나오게 되어 있다. '왜' 영어도 모자라 스페인어 공부에 매진하였는지, '왜' 남들이 기피하는 물리II를 선택하여 수강하였는지, '왜' 자신이 한 활동과 희망 직업이 연결되는지에 이르기까지이다.

학업적 역량을 갖추었을 뿐만 아니라 뚜렷한 목적의식을 갖고 그것에 매진하는 지원자라는 인상을 자기소개서에 담아내는 것만큼 매력적인 것은 없다. 그리고 자기소개서를 수없이 고치면서 뇌에 정리가 된다. 나는 진짜 어떤 사람인가?

도가(Taoism)와 달리 유가(Confucianism)에서는 '인의예지(仁義禮智)' '수신제가치국평천하(修身齊家治國平天下)' 등을 주장하였다. 인간 세상의 질서를 바로 잡기 위해서는 이 모든 것에 인위적인 노력을 기울여야 한다는 뜻이다. 노자와 장자 해석의 권위자인 후쿠나가 미쓰지는 다음과 같은 말을 남겼다.

고대 문화는 운송 수단에 따라 '배의 문화'와 '말의 문화'로 나눌 수 있다. 말을 몬다고 하는 것에는 뚜렷한 목표가 있게 마련이다. 돌진의 의식이 있게 된다. 진취적이고 목적 지향적 의식이다. 이것은 곧 유위(有爲, Artificial action)의 문화이다. 수직적 사고방식과 행동을 가리킨다. 이와 달리 배(현대의 모터보트 말고 고대의 돛단배)를 탄다는 것은 자연에 순응하는 것, 물결이나 바람에 맡긴다는 의식이 깔리게 된다. 기본적으로 인생의 무상함에 대한 인식이 깔려 있다. 이것이 바로 무위(無爲, None artificial action)의 문화이다.

인간의 '문명'이니 '문화'라는 것 자체가 새집에 필요에 따라 살림살이를 늘려가듯 인간의 필요에 따라 무언가 자꾸 집어넣고 만드는 행위의 소산이다. 세상살이가 복잡해질수록 주변에 이러한 유위(有爲) 문명에 지친 사람들이 많아지는 것도 이상할 것은 없다. 인생을 유위 위주로 살 것이냐, 무위 위주로 살 것이냐는 각자의 선택에 달려 있다. 어자피 정답도 없다.

문제는 상급학교에 진학하고자 하는 경우인데, 학교에서 남들 다 하는 교과과정 따라가고 학원이나 오가는 일상을 그냥 살아가다(무위) 보면 별다른 경쟁력을 확보하지 못한다. 경쟁력을 갖추고 어필하기 위해 열심히 살아내야(유위) 하는 것이다.

방송인 유재석이 예전에 한 말이 생각난다.

그때는 내일 뭘 하지 하는 것이 가장 큰 고민이었습니다. 생각해보면 자꾸 내일 뭘 하지, 뭘 하지 의문만 던지니까 일이 잘될 리가 있었을까요?

대한민국에서 바쁘기로 둘째가라면 서러울 예능인이 자신의 무명 시절을 떠올리며 한 자기 고백이었다. 이 사실을 깨달은 이후 그는 생각을 고쳐먹었다고 한다. '내일 뭘 하지?'가 아닌 '내일 뭘 하자!'로 말이다. 그의 말이 맞다. 의문만을 던지고 하루하루 그냥 살며 허송세월하기보다는 행동을 결단해보는 것이 옳다. 하지만 어떤 식으로 해야 할까?

여기 장래 희망이 인권변호인인 두 학생이 있으며, 이 둘의 일상이 자기소개서에 다음과 같은 식으로 각기 달리 표현되었다고 가정해보자.

학생 A

진로 활동으로 '나주·칠곡 아동학대사건'에서 국민 법 감정과 양형 기준 사이에 큰 괴리가 있다는 것을 인식하고 직접 운영하는 블로그에 이를 비판하는 요지의 의견을 게재하였다. '증거 불충분으로 사형을 당한 국내 오판 사례'를 찾아보고 이에 대한 비평문을 작성하는 프로젝트 활동을 수행하였고, 〈보호시설 설립과 소년수의 재범률〉〈어떻게 살인자를 변호할 수 있을까〉라는 관련 논문 및 저서, '인권과 불평등'이라는 인터넷 강의를 수강한 후 〈경기도 학생인권 조례의 한계와 그 해결책〉이라는 소논문을 작성하기도 하였다.

학생 B

하루에 1시간 이상은 영어 원서를 읽는 데에 투자하였으며, 모든 단원이 끝날 때마다 그 단원의 영어 본문을 싹 외웠다. 영어 청취력 향상은 TED와 CNN을 다운로드받아 도모할 수 있었다. 수학은 매일매일 계획을 세워 공부하는 것을 목표로 삼고 ○과 ○○을 사서 일단 개념과 용어의 정의, 성질 등을 두 번씩 정리하고 문제를 풀어보았다. 처음에는 잘 안 풀리고 막혔던 문제가 화장실을 갈 때도 그 문제를 보고 시간 날 때마다 그 문제를 어떻게 풀어나갈 것인가를 생각하다 보면 신기하게 답까지 도달할 수 있다는 것을 깨달았다. 방과 후 활동으로 초콜릿 만들기반을 수강하고 있으며, 2년째 교내 축구부 주장을 놓치지 않을 정도로 심신 단련을 게을리하지 않고 있다.

학생 A는 남들 다 하는 공부는 기본이되 더불어 자신의 진로와 관련된 활동을 꾸준히 했다. 그리고 그 활동 상황이 고스란히 법정 장부인 학생부에 담겨 있다. 고입 자기주도학습전형이든 대입 학생부 종합전형이든 자기소개서에 쓸 거리가 풍부하다. 뿐만 아니라 학생부와 자기소개서가 긴밀하게 연결되어 있다. 평가자들의 눈에 띌 수밖에 없다.

학생 B는 공부는 남들 다 하는 공부법대로 하고 자신의 진로와 무관한 활동을 이것저것 하고 있을 뿐이다. 일상을 꿰뚫는 핵심 스토리가 없다 보니 자기소개서도 중구난방 뒤죽박죽이다. 학생부와 자기소개서 연계성도 떨어진다. 평가자들의 눈에 띄는 것이 이상할 정도이다. 지금이야 한 교실, 같은 책상에 앉아 하하 호호 하고 있지만 이들이 일상적으로 맞닥뜨리는 세상은 시간이 지나면서 달라질 것이다. 그것이 인생이니까 말이다.

20~30년 전 산업화 시대에는 원자력공학과를 나와서 과 특성과 아무 상관도 없는 해외 영업직으로도 취직할 수 있었다. 사람만 괜찮다면 가르쳐서 쓸 만큼 일자리가 있었던 것이다. 이제는 그런 시대가 아니다. 사람이 괜찮아도 가서 일할 자리가 부족하다. 세상은 저절로 좋아지지 않는다. 개인도 마찬가지이다. 그냥 살아서 나아지는 인생은 없다. 특목고·자사고에 지원하려는 학생들은 무엇을 하며 살고 싶은지 물음표가 아닌 느낌표로 진로 및 진학을 고민해보고 그것을 열심히 추구하고 볼 일이다.

팀 협업 활동과 진로에 대한 비전

·······························

학업적 역량이란 무엇일까? 지적 호기심, 탐구심, 학습 등을 통해 배양한 문제 해결능력이 그 핵심일 것이다. 문제는 이 학업적 역량의 실체가 시대별 요구사항에 따라 바뀐다는 것이다. 시험성적, 경시대회 실적, 어학 점수, 자격증 등이 중요한 시대에는 이러한 분야에서 특출한 결과물을 내는 사람이 인재 대접을 받고 비교적 수월하게 인재선발시스템을 통과하는 것이 패턴이었다.

요즘은 어떤가? 활동이나 지적 탐구심을 통해 문제 해결에 집중하며 그 과정에서 이룬 성취감, 성장의 정도, 향후 성장 가능성 등을 정성평가하도록 바뀌었다. 판이 바뀌었다면 바뀐 판에 적응하여 활동의 질을 높여두는 편이 나을 것이다.

이렇게 바뀐 시대에는 독서 같은 개인 활동을 통해 자신의 학업적 역량을 드러내는 것도 좋지만 팀프로젝트 활동 역시 괜찮은 평가를 받을 수 있다. 제레미 리프킨(Jeremy Rifkin)은 다음과 같은 말을 한 바 있다.

현재는 개인 시험을 통해 각 학생을 평가하지만 미래에는 학생들을 하나의 그룹으로 평가하게 될 것이다. 3차 산업혁명인 공유경제 모델에서는 협력이 점점 중요해지면서 각 학생의 능력이 중요한 게 아니라 하나의 팀으로 어떤 결과를 만들어내느냐가 중요해지기 때문이다.

이런 발언에 정확히 부합하는 것이 바로 화성얼음집(Mars Ice House) 이야기일 것이다.

미 항공우주국(NASA)에서는 2015년 9월 27일 화성 거주 시설 아이디어 공모전에 대한 시상을 진행하였다. 3D 프린터를 활용한 디자인이어야 한다는 것이 이 공모전의 필수 요건이었다. 왜 그럴까? 무겁고 복잡한 건자재를 우주선에 싣고 화성까지 가는 것은 극히 비효율적이기 때문이다. 165개 이상의 아이디어가 경합한 끝에 최고상의 영광은 화성얼음집 아이디어를 낸 팀에게 돌아갔다.

이 아이디어의 골자는 다음과 같다. 화성 북극 지역에는 지하에 물이 있으며 항상 영하의 기온을 유지하고 있다. 'WaSiBo'와 'iBo'라는 3D 프린팅 기능을 갖춘 로봇들이 물을 뽑아 올려 거주지 토대를 만들고 내부 마감까지 담당하면 인류가 의도하는 입체 거주 시설을 만들 수 있다는 것이다. 한마디로 화성에 초대형 이글루를 짓는다는 발상이었다.

이 아이디어가 한 개인이 북 치고 장구 쳐서 나온 것이었을까? 아니다. 프린스턴대학교, 파슨스디자인스쿨, 카네기멜런대학교라는 세 명문대학교 연합팀의 팀프로젝트였다. 이들만이 아니다. 30등까지 아이디어를 일별하였더니 개인 자격으로 참가한 이가 단 한 명도 없었다.

지난 2013년 42개 중학교로 시작하여 2015년 2,551개 중학교까지 확대된 자유학기제가 2016년부터는 전체 중학교(3,204개 교)에서 실시되었다. '자유학기제를 통해 토론·실습 등 학생 참여·활동 중심의 수업이 확대되었고, 학생의 희망을 반영한 자유학기 활동 운영으로 학교생활 만족도가 향상되는 등 행복교육 확산의 기반을 마련하였다'는 것이 교육부의 중간평가이다.

자유학기제 수업 실천 우수사례 공모전 우수작으로 선정된 프로젝트 수업을 일별해보니 역시 죄다 팀 활동이 근간인 협업 수업이었다. 그중 하나를 살펴보면 다음과 같다.

'3D 프린터로 꿈과 끼를 디자인하다'라는 모토로 과학, 사회, 미술, 소프트웨어 등의 융합수업을 진행함. 사전 프로젝트로 시각장애인을 위한 휴대용 촉지도를 제작하고 페트병을 업사이클링함. 자유학기 프로젝트로 3D 프린터로 F1 드림카를 제작하는 체험형 프로젝트 활동을 구성함. 전반적인 절차는 학생들이 팀을 구성하고 팀 콘셉트에 맞는 자동차를 디자인한 뒤, 모델링과 3D 프린터로 제작하여 레이싱을 펼침. 이러한 과정은 실제 자동차산업과 같이 제품을 제작하고 생산하는 산업의 프로세스와 같은 과정이기에 이를 통해 제품을 기획, 디자인, 분석, 제작, 출시하는 제조산업의 세부 과정을 직접 경험하는 효과가 있음.

팀별로 콘셉트를 만든 후, 전체적인 프로젝트 총괄 및 발표를 맡는 CEO, 3D 모델링과 프린팅을 담당하는 엔지니어, 팀 로고 및 콘셉트 카 디자인을 하는 디자이너, 브랜드 홍보 및 팀 활동에 필요한 자원관리를 맡는 마케터로 학생들에게 역할을 분담함. 모형자동차 제작이 완료되면 프레젠테이션으로 활동을 공유한 뒤 복도에서 학생들이 모둠별로 레이싱 경연을 함.

진로와 관련된 자율 동아리 활동은 어떨까? 역시 혼자 하는 활동은 아니다. 모 중학교의 '자율동아리 활동' 운영 계획서 중 '자율동아리 조직' 항목을 들여다보자. 다음의 내용이 기술되어 있다.

1. 자율동아리를 조직하여 활동하고자 하는 학생들은 '자율동아리 등록신청서'와 '자율동아리 활동계획서'를 작성하여 신청한다.
2. 자율동아리 신청 시 학생들은 지도교사를 선정, 의뢰하여 지도교사의 동의를 받는다.
3. 자율동아리 등록 신청 후 재가 과정을 거쳐 정식 활동에 임한다.
4. 자율동아리가 처음 조직이 된 후 다음 학년도에도 계속 활동을 할 경우는, 매년 동아리 조직시기에 회원을 모집한 후 자율동아리 활동 신청서를 작성하여 학교장의 재가를 받은 후 활동에 임

한다.

'자율동아리 활동 보고 및 생활기록부 기록' 항목을 보자. 다음의
내용이 기술되어 있다.

1. 생활기록부 기록

1) 1년간 17시간 이상(총 시간의 70퍼센트이상) 활동 시 지도교사가 생
   활기록부에 기록할 수 있다.
2) 학생의 경우 모임 총 시간을 기준으로 하여 참여율이 70퍼센트
   이상 시 지도교사가 생활기록부에 기록할 수 있다.
3) [학생생활]-[창의적체험활동]-[동아리활동 부서별 기록]의 '동아
   리활동 학교생활기록부 반영기록'란 중 특기란에 입력한다.

학교별로 신청 양식이나 운영 계획 등은 미세한 차이만 있을 뿐
대동소이하다. 자신의 진로와 관련된 활동에 관심이 많고 이를 학생
부에 등록하여 진학에 활용하고 싶은 학생들은 새 학기 개학 전부터
이에 대한 계획을 세울 필요가 있다. 이 점은 매우 중요하다. 왜 그
럴까?

현재 대한민국의 인재선발시스템은 지원자를 숫자로 정량평가하
지 않는다. TOEIC 점수 900, 전교 1등 따위의 문구가 전혀 도움이

되지 않는다는 의미이다. 학생부(혹은 이력서)나 자기소개서에 글로 기재된 요소로 정성평가하고 있다. 자신이 행한 활동의 우수성이 글로 표현되어 있어야 도움이 된다는 뜻이다.

서울 시내 모 중학교 1학년생들이 올해 3월 조직한 환경관련자율동아리의 활동 내역을 보자. 환경보전의 중요성과 필요성을 알리고 실천하는 동아리로 일주일에 한 번씩 정기적으로 모여 활동을 한다. 특히 폐의약품 수거교육 및 캠페인 활동에 주력하고 있다. 소비자가 쓰고 남은 약이나 오래된 약을 무심코 버리는 과정에서 발생할 수 있는 약물 사고, 도심하수로 유입된 폐의약품으로 인한 생태계 교란 및 항생제 내성균 발생 등의 심각한 환경오염문제에 대한 일반인의 인식을 재고시키기 위해서라는 것이다.

지하철과 거리에서 시민들에게 폐의약품 수거의 당위성이 담긴 전단을 나누어 주고 피켓과 현수막을 통한 홍보활동을 하며, 대내적으로는 등교 시간이나 점심시간을 이용하여 학교 내 홍보를 한다. 이뿐만이 아니다. 동아리원들이 각자의 집 근처 약국에서 폐의약품을 수거하여 보내는 일을 한 달에 한 번씩 하고 있다. 이러한 사실이 중앙지와 지역신문에 소개되기까지 했다. 진로가 환경 공학자인 학생이 이와 유사한 활동을 지속한다면 진학은 물론이거니와 전인적 인격체로 성장하는 데에 큰 도움을 받을 수 있을 것이다.

자기소개서의 세 가지 유형

·························

고입 자기주도학습전형 자기소개서 작성 시 유념해야 할 기본적인 사항은 다음과 같다.

첫째, 서류평가자는 전공, 과목, 성별, 연령이 다양한 3인의 평가 자로 구성된다. 그러므로 누가 읽더라도 지원자의 학업적 역량, 아카데믹함이 거부감 없이 전달될 수 있어야 한다.

둘째, 학교마다 온도 차이는 있지만 기본적으로 서류 기재 배제사 항을 준수하고자 신경 쓰고 있으므로, 무심코 쓴 글로 0점이나 감점 등을 당하지 않도록 계속 모니터링해야 한다.

필자는 자기소개서를 크게 세 가지 유형으로 분류하고 있다. 다음 예시를 참고하자.

[학생 A] 체험 활동 Develop형

동아리 등 체험 활동 후 깨달은 짐을 학입직으로 심화 발전시킨 경우

독도를 방문한 후 독도 문제야말로 장래 ICJ 재판관으로서 해결하고 싶은 으뜸 진리가 되었습니다. 지리적 근접성에서 한국보다 불리한 일본은 시달거리공식을 활용하여 울릉도 해발 130미터에서나 독도

를 볼 수 있다고 주장한 바 있습니다.

그러나 한국과 NGA는 해당 공식이 울릉도−독도 간 거리를 87.4 킬로미터가 아닌 92.6킬로미터로, 독도의 높이를 168.5미터가 아닌 157미터로 대입하는 오류를 범했음을 지적하고, 피타고라스정리를 이용해 $H=(D/3.9236-\sqrt{h})^2$라는 시달거리공식을 구했습니다. 지구 해수면을 큰 원으로 설정하고 울릉도와 독도를 이 원의 접선 위에 놓은 채 원의 반지름을 각각 울릉도와 독도까지 연장한 상태로 울릉도−독도 간의 직선거리를 구한 후 빛의 굴절까지 고려해 지구 반지름에 1.17~1.21을 곱하여 울릉도 해발 86미터에서도 독도 관찰이 가능하다는 결과를 얻었습니다.

[학생 B] 교과 학습 Develop형

교내 교과 관련하여 학습하고 발표한 내용을 기술한 경우

과학 시간에 심리적 외상(PTSD) 발표를 준비하며 사고 후 1년이 흐른 지금, 세월호 유가족 심리 치료를 내가 담당한다면 어떻게 할 것인가를 고민했습니다. 관련 논문을 탐구한 후 제가 제시한 것은 다음 두 가지 치료법이었습니다.

첫 번째는 부정적 정서를 줄이는 EMDR 요법입니다. 이것은 눈동자를 좌우로 빠르게 움직이면서 부정적인 기억에 대한 뇌 데이터를 조율하는 것입니다. 두 번째는 긍정적 정서를 늘리는 안면 움직임 요법입니다. 이것은 감정이 선행하고 그에 따라 표정을 짓게 되는 것이 아니라 자극에 의해 반사적으로 표정이 나타나고 이로 인한 자율 신경계 반응이 다시 중추 신경계에 영향을 미쳐 감정을 촉발한다는 Facial Feedback 이론에 근거한 것입니다.

[학생 C] 개별 탐구 Develop형

외국 생활이나 국제학교 재학 등으로 한국 학생부가 아예 존재하지 않거나 학생부가 부실하여 자신의 개별적 탐구 활동을 기술한 경우

저는 '인간다운 삶의 핵심에는 에너지가 있다'는 신념을 가지고 있습니다. IEA 전 사무총장 Van der Hoeven의 '청소년을 위한 기후변화 메시지'와 IEA 발표 통계 등을 접한 후에 다음과 같은 두 가지 문제를 인식하게 되었습니다. 하나, 13억 인구가 전기 없이 살고 있다는 것. 둘, 한국이 고립된 '에너지 섬'이라는 것. 이 두 문제를 해결할 수 있는 역량을 갖춘 에너지전문가가 되는 것이 목표입니다.

유럽은 50개가 넘는 기간사업자들이 전력 및 가스 네트워크코드를 공동 개발하고자 10년 넘게 협상했습니다. 600킬로미터가 넘는 노르웨이-네덜란드 해저 케이블 연결 역시 이런 협상의 결과입니다. 동북아에서 가장 먼 한중 해저 최단 거리는 350킬로미터로 이보다 짧기 때문에, 에너지 수입국인 남북한, 중국과 수출국인 러시아, 몽골을 연결하는 네트워크 구축은 충분히 가능할 수 있습니다.

이러한 예시에서는 자신의 자기소개서가 나아가야 할 방향성에 관한 기본 아이디어만 얻는다고 생각해야 한다. 표현을 따오거나 하면 서류 탈락 등 큰 불이익을 받을 수 있으니 주의하자. 자신이 이 중 어느 유형에 강점이 있는지 심사숙고한 후 실제 자기소개서 작성에 나서보자.

자기소개서 실전 작성팁

2016학년도부터 고입 자기주도학습전형 자기소개서의 글자 수는 '띄어쓰기 제외 1,500자'로 유지되고 있다. 띄어쓰기 포함 1,500자였던 때와 비교하면, 약 20퍼센트가량 쓸 분량이 늘어났다.

먼저 자기소개서 맨 위쪽 지시사항 부분을 보자. 크게 두 가지 영역으로 구성되어 있다. 자기주도학습영역과 인성영역이다. 교내 선생님 두 명과 각 시·도교육청 위촉 교외 선생님 한 명으로 구성되는 서류평가팀은 어느 부분을 더 눈여겨볼까? 자기주도학습영역이다. 인성영역의 배점은 자기주도학습영역의 배점을 능가하지 않게 마련이다.

자기주도학습영역은 수치로 나타낼 수 있는 정량적 표현(토익 990

점, 전교 1등, ○○경시대회 최우수상)을 피해가면서 자신의 학업적 역량, 전공 적합성이 드러나도록 쓴다. 스토리 없이 나열적 표현을 반복하는 것만은 삼가는 것이 좋다.

자소서도 엄연한 글의 한 종류이다. 이것은 곧 허용 범위 내에서 얼마든지 연출이 가능하다는 뜻이기도 하다. 또한 읽는 평가자들의 심정도 한번 헤아려보기 바란다. 적게는 수십 명, 많게는 수백 명의 글을 읽고 평가해야 한다. 구체적이고 흥미로운 사실을 써야지, '뭐뭐 했다' '뭐를 느꼈다' '뭐라고 깨달았다'는 식으로만 써서야 어떻게 특목고·자사고 서류평가자들의 마음을 움직일 수 있겠는가 자문해보자.

인성영역도 마찬가지이다. 무슨 봉사활동을 어떻게 했다는 식으로 쓰면 평가 점수는 낮아질 수밖에 없다. 어차피 한 개인의 인성이라는 것을 '난 착하다' '난 겸손하다' '난 이기적이 아니라 이타적이라 봉사활동을 열심히 한다' 등의 단언적인 표현으로 드러낸다는 것 자체가 무리이다.

괜찮은 평가를 받기 위해 어떤 방법을 쓰는 것이 좋을까? 구체적인 에피소드를 담담하게 풀어내는 것이 좋은 방법일 수 있다. 인성영역 활동의 지속성과 진정성, 인성영역 활동을 통해 체득한 삶의 지혜의 지속적 실현 여부, 인성영역 활동을 통해 변화된 자신의 모습과 타인에게 미친 긍정적인 영향, 인성영역 활동을 통해 사회 공익에 이바지하려는 의지 등등 어떤 사회에서나 보편적으로 존중받는 인성

가치가 자신이 실제 경험한 에피소드를 통해 배어 나오게 하고 그것이 평가자들에게 자연스럽게 전달되도록 하는 것이다. 이와 관련하여 실전 자기소개서 작성 요령을 조금 더 살펴보려 한다.

'기술의 진술성'이라는 말의 의미를 명확히 이해하자

별생각 없이 권하는 것인지, 입학(혹은 인사) 담당자가 진위 여부 검증에 드는 수고를 덜기 위해서 하는 윽박성 발언인지 모르겠으나, 흔히들 하는 말 중에 이런 것이 있다.

"자기소개서는 진솔하게 작성하는 것이 최고이다."

현실은 어떨까? 한 취업사이트에서 취업 준비생 665명을 상대로 설문 조사를 한 적이 있다. 설문 항목 중 '자기소개서에 거짓을 쓴 적이 있느냐'는 질문에 551명이 '그렇다'고 답했다. 무려 80퍼센트가 넘는다. '자기소개서를 다른 사람이 대신 써준 적이 있느냐'는 항목에는 115명이 '그렇다'고 답했다.

막상 자기소개서를 써보면 누구나 깨닫게 된다. 자기소개서를 진솔하게 쓰라는 것이 얼마나 무책임한 말인지 말이다. 입시부터 입사에 이르기까지 모든 자기소개서 작성이 어렵고 괴로운 으뜸 이유가 바로 이 '진솔함' 세 글자에 있다.

간혹 일하지 않고 놀고먹는 것이 꿈인 취업 준비생도 있을 수 있지 않은가? 명문대 진학에 유리하다는 부모님 말씀을 좇아 별생각 없이 특목고 · 자사고에 지원한 중학생도 있을 수 있지 않은가? 진솔하게 말하자면 말이다. 문제는 전형이라는 정해진 규칙이 지배하는 경기장에서 이런 식의 진솔함은 곤란하다는 것이다. 그러므로 자기소개서에서 요구하는 진솔함에 관한 정의를 다시 내려야 할 필요가 있다. 새롭게 내려진 정의는 다음과 같다.

사회적으로 혹은 상식적으로 용인 가능한 경계선을 준수하며 자신의 역량을 적극적으로 표출하는 것이다. 적극적으로 거짓말하라는 의미는 아니다.

둘째, '왜(WHY)'라는 화두를 품고 작성하자

생각은 행동으로 드러나게 마련이라 지원자가 어떤 학습 관련 행위를 하였을 때는 그 근원에 명확한 이유가 있어야 한다. 가령 보고서를 썼다면 그 보고서를 '왜' 쓴 것이냐에 대한 자기 나름의 이유가 있어야하는 것이다. 유전공학자가 되고 싶다면 대체 왜 유전공학자가 되고 싶은 것인가 자문해보기 바란다. 그냥 멋져 보이니까, 혹은 유망해 보이니까? 또래 친구들이나 납득할까, 평가자들은 납득하지 않는다.

학생이라 그저 남들 하는 교과 공부 열심히 했을 뿐인데, 인성 경험도 써야 하고 그 경험이 인생에 어떤 영향을 끼쳤는지도 써야 하고, 학업적 역량과 문제 해결능력도 보여줘야 하고, 역경 극복한 것도 써야 하고, 지원 동기도 설득력이 있어야 하고… 너무 어렵습니다.

한정된 공간에 이것저것 늘어놓아야 한다고 푸념하기 전에, 자기소개서에서 요구하는 모든 항목을 '왜(WHY)'라는 관점에서 바라볼 필요가 있다. 일관되고 깔끔한 자기소개서가 나올 수 있으니까 말이다. 예컨대 다음과 같은 자기소개서는 어떤가?

학생 A

독립운동을 하시다 운명을 달리 하신 선조의 삶을 들으며 어린 시절부터 역사와 역사의식이라는 화두는 내게 남다르게 다가왔다. 역사가 그 가치를 인정받지 못하고 고루한 과거의 일로만 치부되는 안타까운 현실을 극복하고 우리 역사의 현재적 · 실용적 가치를 재조명하면서 자긍심을 일깨우는 역사학자가 되는 것이 나의 최종 목표이다.

학생 B

한미쇠고기협상 과정에서 무더기 번역 오류가 발생해 국익에 큰 손해가 발생한 적이 있었습니다. 국민의 권리에 지대한 영향을 미치는 국제통상 협상 무대에서 이런 납득할 수 없는 실수가 있었다는 사실에 놀란 저는 이런 실수를 범하지 않을 만큼 실력을 갖춘 외교통상 전문가가 되어야겠다고 생각했습니다.

역사가나 외교통상전문가가 '왜(WHY)' 되고 싶은지 담담하게 기술이 되어 있다. 이 꿈을 이루기 위한 학업적 역량과 소양을 키우기 위해 '무엇을(WHAT)' '어떻게(HOW)' 해왔는지 붙이면 되는 것이다. 그다음 이야기에 흥미를 느끼지 않을 평가자는 드물 것이다.

'30퍼센트의 법칙'을 기억하며 계속해서 고쳐 쓰자

'디지털 장의사'라는 직업이 있다. 개인이 무심코 남긴 원하지 않는 인터넷 기록이나 죽은 사람의 인터넷 흔적을 정리해주는 직업이다. 잊힐 권리조차 없는 인터넷 세상을 누비는 이들이 하는 말이 있다.

인터넷에 올린 사진이나 글 등의 콘텐츠 중 30퍼센트는 반드시 나중에 지우고 싶은 기록이 되거나 문제가 된다.

자기소개서도 마찬가지이다. 오늘 작성한 자기소개서를 10일 뒤, 한 달 뒤에 보면 지울 부분과 문제가 될 부분이 보일 것이다. 그러므로 충분한 시간을 두고 일찍부터 써나가기 시작해야 한다. 반복적으로 리뷰하면서 불필요한 부분을 빼고 자신의 우수성이 드러나는 방향으로 가야 하니까 말이다. 세상은 저절로 좋아지지 않는다. 자기소개서의 수준도 마찬가지이다.

Chapter 3

면접,
그 결정적 순간

콘텐츠 이전에
첫인상이 있었다

모르면 당한다,
콜드리딩과 핫리딩

우리나라에서 정신과 상담이 활성화되지 않는 이유는 점집에 가서 하소연하면 되기 때문이라는 말이 있다. 미래예언이니 동시발생이니 하는 것에 대한 증거가 인간세계에서 발견된 적이 한 번도 없음에도 불구하고, 인간은 여전히 미래를 손바닥 보듯 알 수 있다고 믿는다.

이 글을 읽는 독자들 중에도 자신이 혹은 자녀가 성공적인 진학을 할 수 있을지 궁금해하는 사람이 많을 것이다. 인간은 누구나 미래를 알고 싶어 하기 때문이다. 그래서인지 우리나라 운세산업 종사자가 수십만 명이요, 운세산업 규모는 수조 원에 달한다고 한다. 이와 관련된 기획방송 한 편을 볼 기회가 있었다. 대한민국 10대 점술가를 찾아보자는 내용이었다. 이동 거리는 총 2만 킬로미터, 사용한 복비는 총 1000만 원이었다. 영도다리 밑 점집에서부터 전설의 3대 역술가 제자에 이르기까지 광범위하게 검증해 들어갔다. 목표는 용한 점술가 10명 발굴이었다.

평소 미래를 예언한다고 주장하는 사람들을 '콜드리딩(cold reading)'이나 '핫리딩(hot reading)'을 구사하면서 혹세무민을 일삼고 있다고 일축하는 필자로서는 방송의 결론이 어떻게 될지 궁금하여 견딜 수가 없을 지경이었다. 콜드(cold)와 리딩(reading)이라는 친숙한 영어 단어에는 우리가 잘 모르는 다음과 같은 뜻이 있다.

cold: 준비가 없는 상태인, 즉석의.
read: (마음이나 생각 따위를) 읽거나 파악하다,
　　　(운명 따위를) 예지 · 예언하다.

콜드리딩이란 '아무것도 모르는 상태에서 만난 상대를 즉석에서 파악하기, 알아채기'를 뜻한다. 우리말로 '즉석파악'이라고 이해하면 쉬울 것이다. 이 즉석파악에서는 경험상 흔히 판별할 수 있는 일반적인 추정을 사용한다.

이 기법으로 우리에게 가장 널리 알려진 캐릭터로는 누가 있을까? 아마도 〈셜록 홈스(Sherlock Holmes)〉일 것이다. 홈스 같은 즉석파악자들은 상대에 대한 사전 정보 없이도 많은 것을 알아맞힐 수 있다. 사실 이유는 간단하다. 상대의 특징적인 보디랭귀지, 연령, 패션 감각, 헤어스타일, 안색, 성별, 종교, 교육 수준, 화법 등을 즉석에서 분석할 관찰력과 통찰력을 갖추었기 때문이다.

〈셜록 홈스〉 시리즈를 현대적으로 각색한 영국 드라마 〈셜록(Sherlock)〉 시즌 1에서 셜록 홈스와 존 왓슨이 나누는 대화를 정리해보면, 이 즉석파악이라는 것이 무엇인지 대략 감이 올 것이다.

존 왓슨 어제 우리가 처음 만났을 때, 느닷없이 아프가니스탄에 갔다 왔는지 이라크에 갔다 왔는지 물었는데, 내가 파병 군인 출신이라는 것은 대체 어떻게 알았나? 누구한테 듣기라도 한 거야?

셜록 홈스 미리 알거나 어디서 들은 게 아니라 자네를 관찰했을 뿐이네. 요즘 같은 시대에 자네처럼 '짧은 미리'를 고수한다라… 군인일 확률이 높지. 어제 성바르톨로뮤병원 연구실에서 자네를 처음 봤는데, 걸어 들어오면서 자네가 이렇게 말했네. '내가 있을 때와는 많이 달라졌어'라고. 군인인데 의사면 군의관밖에 더 있겠나? 자네 얼굴은

살짝 탔지만, 셔츠 밑단 손목 위론 그렇지 않았어. 그건 자네가 파병을 갔다는 거지, 선탠을 했다는 건 아냐. 심하게 다리를 절룩이면서도 앉아도 되냐고 묻지 않고 계속 서 있었는데, 그건 다리를 절뚝거리는 이유가 육체적이라기보다는 정신적 요인에서 비롯된다는 얘기야. 그러한 트라우마가 작용된 부상의 근본적인 환경과 자네 직업을 고려해보았을 때 전쟁 부상자라는 소리인데, 피부까지 검게 그을린 상태라… 요즘 세상에 아프간 아니면 이라크밖에 더 있겠나?

원래 이 콜드리딩 기법은 방금 만난 타인에게 자신이 그에 대해 많은 것을 알고 있다고 믿게 하기 위해서 발전되어온 것이다. 셜록 홈스야 수사 기법으로 활용할 뿐이지만, 전 세계적으로 이런 능력을 악용하는 사기꾼들이 많다는 것 역시 새겨둘 필요가 있다.

지금도 미국 케이블 방송에는 이 기술로 관객을 등쳐먹고 사는 자칭 영매 혹은 심령술사가 널려 있다. 〈레드라이트(Red Light)〉 같은 영화나 〈멘털리스트(Mentalist)〉 같은 드라마가 이미 미국 대중문화 내에서는 한 흐름을 이루고 있을 정도이다. 사기술에 이를 사용하는 즉석파악자들은 무심한 듯 유심히 상대를 관찰하면서 가능성이 높은 추측을 던진다. 일명 산탄총 쏘기(shotgunning) 기술이다.

'최근 일가친척 중에 배가 아파서 돌아가신 분이 있지 않느냐는 식이다. '최근'은 특정일이 아니며 '일가친척'은 한두 명이 아니므로 모두 범위가 넓다. 배는 또 어떤 곳인가? 인체 주요 장기가 모여 있는 곳이라 사망 원인의 상당수가 배에서 비롯된다. 이 경우 상대방은 언어적 방식이든 비언어적 방식(얼굴 표정 같은 신체 언어)이든 어떤 식으로든 응답하게 되어 있다. 즉석파악자들은 상대가 무심코 드러내는 신호를 잡아내어 자신의 추측이 제대로 들어맞고 있는지 아닌지 여부를 판단하고 이야기를 끌어나가는 것이다.

핫리딩이란 콜드리딩과 반대되는 개념으로 '사전파악'쯤으로 이해하면 된다. 즉 상대에 대한 정보를 미리 수집한 후 어떤 사람인지 파악하는 것이다. 유감스럽게도 이 방법 역시 사기꾼들이 사람을 속이는 데 사용될 수 있다. 어떤 이의 주변 인물, SNS, 집 앞에 배출된 종량제봉투를 뒤져 미리 파악한 정보를 토대로 '요즘 집에 이러이러한 우환이 있지 않느냐? 나를 믿거나 부적을 쓰거나 헌금을 왕창 내야 액땜을 할 수 있다'는 식으로 말을 하면, 이런 원리를 모르는 사람들 중에서 혹하는 사람이 생기게 마련이다.

예나 지금이나 콜드리딩이나 핫리딩에 사기당한 사람들의 사연이 뉴스에 능상하는 데에는 이런 이유가 있다. 어떤 사람을 파악하는 데에는 이 두 가지 방법과 직접 겪어보면서 파악하는 방법, 이 세 가지 방법만이 존재한다.

다시 앞서 말한 점술가 이야기로 돌아오자. 200명 내외의 유명 점술가를 검증한 끝에 고작 여섯 명만이 최종 후보에 올랐다. 네 명이 역술가였고 두 명은 무속인이었다. 역술가란 사주팔자를 푸는 사람이다. 무속인은 '자기 안에 다른 존재가 들어 있다'고 주장하는 사람이다. 무(巫) 자 자체가 한 몸에 사람 인(人) 자가 두 개 들어 있다. 2차 검증에서 네 명의 역술가가 우르르 떨어져나갔다. 실제 노숙자를 카메라맨으로 둔갑시켜 무속인을 2차 검증한 결과는 어땠을까? 방송에서는 검증을 통과했다는 식으로 나온다. 헛소리이다. 신(神)이 다 가르쳐준다면서, 절조차 없는 노숙자를 '스님 팔자'라고 헛짚질 않나 '장가는 가셨냐'고 정보를 캐묻는 등 산탄총 쏘기의 교과서적 영상을 감상하는 기분만 들었을 뿐이다.

이쯤에서 질문을 던져보자. 고입 자기주도학습전형과 대입 학생부종합전형의 면접은 핫리딩에 해당할까, 콜드리딩에 해당할까?

반반이다. 학생부, 자소서, 교사추천서 등을 통해 파악한 사전 정보가 반이고, 당일면접을 통해 파악하는 즉석 정보가 반이라는 뜻이다. 이 두 카테고리의 정보를 합치면 지원자의 면면이 드러날 수밖에 없다. 그러므로 우수한 척하지 말고 진짜 우수한 학생이 되는 것만이 유일무이한 해결책이다.

고입 자기주도학습전형 면접관들은 전부 학교 선생님들이다. 어떤 이가 사기꾼인지 아닌지는 구별 못 해도, 어떤 학생이 우수한 학생인지 아닌지 정도는 꿰뚫어볼 능력이 있다는 말이다. 이러한 면접관들의 심리 상태를 이해할 필요가 있다.

뒤센스마일과 팬아메리카스마일

투우 경기에서 투우사가 투우와 겨루다가 칼을 뽑아 소의 목을 찔러 생명을 빼앗는 순간을 스페인 말로 'el momento de la verdad'라고 한다. 위험천만한 투우 경기에서 소가 죽는지 사람이 죽는지 그 진실이 가려지는 순간이라는 의미에서 '결정적 순간' '진실의 순간' 등의 뜻으로 쓰인다.

바로 이 el momento de la verdad를 영역한 것이 'Moment Of Truth'이다. 광고 마케팅계에서는 소비자와 접촉하는 극히 짧은 순간이 제품과 기업의 '인상이 결정되는 중요한 순간'이라는 의미로 활용하기도 한다. 특목고·자사고 입학계에 이런 말이 있으니 음미해보자.

입학 홍보부는 (원재료에 해당하는 인재를 선발한다는 의미에서) 구매부

진학부는 (3년 동안 잘 육성한 인재를 대학에 진학시킨다는 의미에서) 판매부

말할 것도 없이 인재 역시 제품이나 기업과 마찬가지로 대면했을 때 좋은 인상을 주는 것은 매우 중요할 것이다. 《첫인상 3초 혁명》이라는 책에 다음과 같은 내용이 나온다.

당신이 문을 열고 사무실에 들어서는 순간 일은 벌어진다. 그 3초간, 사람들은 당신을 판단해버린다. 당신을 그저 힐끔 쳐다볼 뿐이지만 그들은 당신의 옷차림, 헤어스타일, 몸가짐, 차림새, 액세서리를 평가하고 판단한다. 또 당신이 들어서자마자 만난 사람에게 인사하는 모습을 본다. 그 짧은 3초 동안 당신은 사람들에게 이미 지울 수 없는 인상을 남긴다. 어떤 사람들은 그런 당신의 모습을 보고 호기심을 느끼며 당신에 대해 더 많이 알고 싶다고 생각하지만 또 다른 어떤 사람들은 당신을 무시하기로 한다.

앨런 피즈와 바버라 피즈는 새로운 사람을 만났을 때 4분 안에 첫인상의 60~80퍼센트가 결정된다는 주장을 하기도 하였다.

최근 특목고·자사고 전형위원들은 자기소개서를 회의적으로 보고 그 영향력을 줄이려는 경향이 있다. 자기소개서 등의 서류가 침소봉대, 과대 포장되어 있다고 생각하기 때문이다. 이것이 무슨 말인지 좀 자세히 들여다보자.

세 명의 평가자가 자기소개서를 평가하는 데에 자기소개서 점수가 40점 만점이라고 가정하고, 평가자 A는 38점, 평가자 B는 36점, 평가자 C는 38점을 주었다고 하자. 평균 점수는 37.3333이 된다. 소수점까지 나오면서 세밀한 변별력을 갖게 된다. 이것이 종래의 보편적 방법이었다. 그런데 만약 이를 '상' '중' '하'로 나누어 '상'에 해당하는 자소서는 무조건 40점, '중'에 해당하는 자소서는 무조건 38점, '하'에 해당하는 자소서는 무조건 35점을 주는 식으로 평가하거나 아예 점수 배점을 줄여버린다면? 이것은 1단계 내신성적처럼 자기소개서 점수도 준기본점수화되는 것이다. 실제로 외대부고의 경우, 2016학년도에 '내신 40점 + 서류 30점 + 면접 30점'이던 점수 배정을 2017학년도에는 '내신 40점 + 서류 25점 + 면접 35점'으로 바꾸었다. 그렇다면 세밀한 변별력은? 모두 면접에서 확보하겠다는 의도이다. 결정적 순간으로서 면접의 역할이 더욱 중요해지는 것이다.

면접 같은 결정적 순간에 중요한 것은 첫인상이다. 시 · 도 교육청에서 각 선발 고등학교에 배포하는 〈자기주도학습전형 매뉴얼〉에 면접과 관련하여 다음과 같은 지침이 적혀 있다.

나이 어린 학생들이 긴장하지 않도록 밝은 표정을 지어라.

생각해볼 부분은 이런 것이다. 정작 밝은 표정이 더 필요한 쪽은 면접관이겠는가, 지원자이겠는가? 후자일 것이다. 밝은 표정이란 곧 웃는 얼굴을 의미한다. '단 한 번 웃는 것만으로도 초콜릿바 2,000 개와 맞먹는 수준으로 두뇌를 자극할 수 있다' '웃으면 코르티솔, 아드레날린과 같이 스트레스를 높이는 호르몬의 수준을 낮추고, 엔도르핀과 같이 사람을 기분 좋게 하는 호르몬의 수준을 증가시켜 전반적인 혈압을 낮출 수 있다' 등등 웃음이 주는 긍정적 영향에 대한 연구는 아주 많다. 인간의 웃음과 관련된 유명한 종단연구(longitudinal study) 두 건을 살펴본 후 이야기를 진행해보자.

첫 번째 연구는 UC버클리대학교(UC Berkeley University)에서 행한 것이다. 해당 연구에서는 지원자들의 30년 전 졸업앨범 사진을 분석 대상으로 삼았다. 연구자들은 사진 속에서 지원자들이 웃고 있었는지 여부로 그들이 얼마나 행복한 결혼 생활을 했는지, 삶의 전반적 웰빙 지수는 얼마나 높았는지, 다른 이들에게 얼마나 영감을 주는 삶을 살았었는지를 예측할 수 있었다. 먼 옛날 졸업사진 속에서 웃고 있었느냐 아니냐가 향후 인생의 전반적 행복감과 인과관계가 얼마나 높았는지 연구자들까지 놀랐을 정도였다.

두 번째 연구는 2010년에 웨인주립대학교(Wayne State University)에서 행한 것이다. 연구자들은 야구 카드 속에 담긴 1950년대 메이저리그 선수들의 표정을 조사한 후 선수들이 얼마나 활짝 웃고 있느냐와 그들의 수명 간에 강한 인과관계가 있다는 결론을 내렸다. 사진 속에서 활짝 웃고 있던 선수들이 평균 80년을 살았던 데에 비해서 웃고 있지 않던 선수들은 평균 72.9년을 살았다. 웃음은 한 인간의 캐릭터를 반영한다. 잘 웃는 사람은 어떠한 순간에도 잘 웃는 경향이 있다. 그것이 비록 찰나에 찍힌 사진 속에서일지라도 말이다.

모든 인간은 웃는다. 그리고 이 웃는 모습은 학습하거나 남을 모방하는 것이 아니라는 것이 밝혀졌다. 모든 문화권에서, 남이 웃는 모습을 한 번도 보지 못한 시각장애인조차 웃는 모양은 똑같다는 것이다.

우리가 일상적으로 웃는 웃음에는 두 가지가 있다. 즐거워서 웃는 진짜 웃음과 호감을 주기 위해서 꾸며 웃는 가짜 웃음이 있다. 진짜 웃음은 눈꼬리 근육, 큰 광대근, 입꼬리 근육이 서로 협력하여 만들어낸 웃음이다. 입꼬리 근육이 위로 올라가면 이와 연결된 큰 광대근도 위로 올라간다. 큰 광대근이 위로 올라가면서 눈가에 까치발 같은 주름이 잡히는데, 이 주름이 가장 큰 특징이다. 심리학에서는 이런 진짜 웃음을 '뒤센스마일(Duchenne smile)'이라고 부른다. 이런 웃음을 처음 발견한 신경심리학자 기욤 뒤센(Guillaume Duchenne)의 이름을 따서 명명한 것이다.

재미있는 것은 이 뒤센스마일을 지을 때 사용되는 수요 근육(눈꼬리 근육, 큰 광대근, 입꼬리 근육)이 뇌와 직접적으로 관련되어 있다는 점이다. 이를 역으로 생각해보면 평소에 진짜 웃음을 짓는 표정 연습을 한다면 뇌가 실제로 기분 좋은 행복감을 느낄 수도 있다는 것이다.

찰스 다윈(Charles Darwin)이 최초로 주장한 이른바 '안면피드백이론'이다. 행복감을 느껴서 웃는 것이기도 하지만 웃으면 행복감을 느낄 수도 있다는 사실을 절대 간과해선 안 될 것이다.

이와 대비되어 상대방의 호감을 사기 위해 가식적으로 만든 웃음은 '팬아메리카스마일(Pan America Smile)'이라고 부른다. 미국 팬아메리카항공사의 승무원들이 상업적으로 거짓 웃음을 짓는 데에서 유래한 것이다. 평소 우리가 감정노동자들을 볼 때 연상되는 특유의 표정을 떠올리면 이해가 쉽다. 이 웃음이 뒤센스마일과 다른 점은 입꼬리 근육이 양쪽 위보다는 옆으로 움직이는 경향이 있으며 눈은 웃지 않기 때문에 눈가에 주름이 생기지 않는다는 것이다.

인간은 일상적 판단의 60퍼센트 이상을 시각에 의존하고 있다. 어찌 보면 지원자가 '무슨 말을 하는지'보다 중요한 것은 그 말을 하는 지원자가 면접관에게 '어떻게 보이느냐'일 수도 있다는 말이다.

생각해보자. 이 세상에 시각장애인 면접관이 있는가? 없다. 이런 상황을 알게 되면 면접에 대한 대표적 오해를 바로잡을 수 있다. 면접은 자신의 '생각하는 힘'을 면접관의 귀에 들려주는 것이 아니라, 눈에 보여주는 것이다. 면접관들은 자신의 생각을 전달하는 지원자를 '보면서' 종합적으로 판단하고 있다는 말이다.

그러므로 우선 면접관들의 눈에 드는 것이 중요할 것이다. 인간은 보통 귀로 듣는 말보다 눈으로 보는 것을 근거로 결정을 내리는 경향이 있으니까 말이다. 그렇다고 미남 미녀여야 한다는 것은 아니다. 지원자는 고등교육기관에 입학하려는 것이지, 연예 기획사에 들어가려는 것은 아니니까 말이다.

우수하고 괜찮은 학생이라는 느낌을 '보여주는' 것이 중요하다. 그렇기 때문에 면접장 문을 열고 들어서기 전부터 웃음을 장전한다. 면접장에 들어서는 것이 무슨 도살장에라도 끌려가는 것인가? 쪼다처럼 쭈뼛쭈뼛 실실거리지 말고 자신감 있게 웃음을 지으며 들어간다. 들어서며 눈부신 웃음(beaming smile)을 발사해준다. 이것부터 연습하자. 문고리를 돌리고 들어설 수 있는 곳이라면 어느 곳에서나 연습할 수 있다. 안방, 화장실, 교실, 학원, 셔틀버스 승차 때 문을 여닫으면서 말이다.

이 웃음과 관련하여 성공적인 면접의 핵심을 추리면 다음과 같다. 웃으며 들어가, 웃으며 답변하고, 웃으며 나온다. 학생 자신에게 이렇다 할 우수성도 없는데 뒤센스마일만 실컷 짓는다고 좋은 결과가 나온다는 의미는 아니다. 지원자가 웃고 있을 경우 무표정이나 긴장한 표정에 비해 호감을 얻을 수도, 우수하게 보일 수도, 면접에서 오는 스트레스를 줄일 수도 있다는 의미이다. 사실 면접에서 좋은 영향을 주느냐 마느냐는 웃음의 결과일 뿐 목적은 아니다.

학생들은 웃음이 면접관의 무의식이나 자기 인생의 전반적 행복감에 얼마나 지대한 영향을 끼치는지 생각해볼 필요가 있다. 웃으며,

진지하게 말이다. 인재선발시스템은 짧고 인생은 기니까 말이다. 긴장되는 것이 당연한 순간에 밝고 웃는 표정을 한 지원자에게 면접관들은 호감을 느낄 수밖에 없는 심리를 가지고 있다.

표정이 감정을 만들 수도 있다
거울과 친해져라

. . . .

고입 자기주도학습전형이 끝나고 나면 다음과 같은 말을 하는 학생이나 학부형을 자주 만날 수 있다. '내가 (혹은 아들딸이) 쟁쟁한 지역의 유명 중학교 전교 1등인데 불합격했다'는 푸념 말이다. 따져보면 이런 말만큼 '전형의 특성을 이해조차 못 하고 지원하였다'는 자기 고백도 없을 것이다. 엉뚱한 푸념이나 하게 되는 상황을 미연에 방지하기 위해서라도 머릿속에 전형 기본 설계도부터 입력해놓는 편이 좋겠다.

1단계	2단계
1. 중학교 내신성적 및 출결 점수평가	2. 중학교 생활기록부, 자소서, 교사추천서 등의 서류평가 3. 개별면접 (혹은 집단토론) 등의 면접평가

2015학년도부터 고입 자기주도학습전형에서는 성취평가등급만을 반영하게 되었다. 전교 1등은 무조건 뽑아야 한다는 법도 없을뿐더러, 이 성취평가등급 체제하에서는 어떤 지원자가 전교 1등인지 알 도리 역시 없다. NEIS 출력 옵션 중에서 '고입용'을 클릭하면 7번 교과학습발달상황에서 원점수, 평균, 표준 편차가 모두 사라지며 A, B, C, D, E 등급만이 나오게 된다.

또한 대부분의 시·도 교육청에서는 학생부에서 지원자의 인적사항(중학교 이름 포함)을 도말 처리하여 지원하도록 지시하고 있기 때문에 어느 학교 학생인지도 특정하기 어렵다. 2단계 서류와 면접에서 우수성을 보여주었다면 전교 20등이라도 합격할 수 있고, 그렇지 못했다면 전교 1등이라도 떨어지는 게 현재의 고입 인재선발시스템이다.

모든 지원자들에게는 자신의 우수성을 어필할 총 세 번의 기회(내신성적, 서류평가, 면접평가)가 있다. 첫 번째, 두 번째 요소로 자신의 학업적 역량, 전공 적합성, 인성, 잠재능력 등을 어필하는 데에 성공한 지원자라면 세 번째 요소인 면접으로 이를 확인시켜줄 필요가 있다. 지원자와 전형위원들이 직접 맞닥뜨리는 최초이자 최후의 기회인 면접과 관련해서 생각해봐야 할 것은 크게 두 가지이다.

첫째, 답변 내용(콘텐츠)

둘째, 답변 태도(보디랭귀지)

많은 지원자들이 답변 내용에 골몰하느라 정작 답변 태도에 관해서는 주의를 기울이지 않는 경향이 있다. 답변 내용은 그간 쌓아온 학업적 역량, 전공 적합성 활동, 식견, 가치관을 통해 학생 개개인이 해결해야 할 문제이므로, 여기서는 답변 태도에 대해서 몇 가지 짚어보고자 한다.

답변 태도란 비언어적 의사 표현, 즉 보디랭귀지를 의미한다. 1872년, 찰스 다윈은 《인간과 동물의 감정 표현(The Expression of the Emotions in Man and Animals)》이라는 저서를 출판하였다. 20세기 이전까지 보디랭귀지의 학문적 발전에 가장 영향력을 미친 책이었는데, 그 뒤로 얼굴 표정과 보디랭귀지에 관한 연구가 줄을 이었다.

1950년대 보디랭귀지 연구의 선구자인 앨버트 메라비언은 '인간의 의사소통에서 입으로 하는 말이 차지하는 비중은 약 7퍼센트에 불과하다'고 주장한 바 있다. 나머지 38퍼센트는 음조, 억양 등 목소리를 통해 내는 소리, 기타 비언어적 신호가 55퍼센트를 차지한다는 것이었다.

레이 버드위스텔이라는 인류학자 역시 메라비언과 비슷한 주장을 했다. 얼굴을 맞대고 사람들이 대화를 할 때 언어적 수단이 차지하는 비율은 35퍼센트 정도, 65퍼센트 정도는 전부 비언어적 수단으로 이루어진다는 것이다.

인간의 뇌에는 '거울신경세포(mirror neuron)'라는 것이 있다. 상대방의 표정, 동작 등을 무의식적으로 따라 하려는 세포이다. 상대가 웃는 표정을 지으면 덩달아 기분이 좋아지거나 따라 웃고 싶어진다(긍정적 신체 반응). 상대가 화난 표정을 지으면 덩달아 기분이 나빠지거나 화를 내고 싶어진다(부정적 신체 반응). 마치 거울에 비친 나를 보듯이 모방하려고 한다고 해서 이런 이름이 붙었다. 미러링(mirroring)이란 거울신경세포의 작용으로 상대의 행위를 모방하는 행위를 가리킨다.

따라서 면접 시 모든 답변 태도의 핵심은 면접전형위원들로부터 부정적 신체 반응을 이끌어내지 않는 것에 주안점을 두어야 한다. 지원자의 불안, 초조, 자신 없음은 표정이나 보디랭귀지로 드러날 수밖에 없고, 전형위원들에게 고스란히 전달된다. 또한 울거나 질문의 핵심과 동떨어진 답변을 하는 것으로 우수하다는 인상을 줄 수 있을까? 아닐 것이다.

눈에는 자신감을, 입술에는 자연스런 웃음을 담도록 한다. 지원자의 첫인상이 결정되며 서류로만 파악되던 지원자의 실제 모습을 파악할 수 있는 결정적 순간이 면접이다. 밝은 표정과 공손한 보디랭귀지로 면접관의 거울신경세포를 자극하여 내 편으로 끌어덩긴다.

미소 짓는 얼굴을 보면 함께 미소를 짓게 되고, 인간의 뇌에서 엔도르핀 호르몬이 분비된다. 반대로 불행하고 긴장된 표정을 한 사람들에게 둘러싸여 있다면 그들의 표정에 감정 이입되어 침울하고 우울해질 가능성이 높아진다. 비언어적 커뮤니케이션의 대가 폴 에크면(Paul Ekman)은 심지어 '미소를 짓거나 웃는 얼굴이 자신의 자율신경체계에까지 영향을 미친다'고 했다. 어떤 표정을 짓느냐에 따라 남뿐만 아니라 자신의 기분까지 조율할 수 있는 것이다.

이 글을 읽고 있는 독자라면 지금 한번 눈썹과 눈썹 사이를 좁혀보자. 어떤 기분이 드는가? 양 입꼬리를 위로 올려보자. 어떤 기분이 드는가? 먼 곳의 얼굴 근육이 연결되어 있어 특정한 표정을 짓게 될 뿐만 아니라 그에 따라 감정 상태가 달라진다는 것을 느낄 수 있을 것이다.

선천적으로 밝은 인상을 갖고 있다면 좋겠지만 그렇지 않은 경우도 많다. 후자의 경우 어떻게 해야 할까? 그런 척을 1만 번 하면 진짜 그렇게 된다는 말이 있다. 아침에, 저녁에 세수하면서 거울 속에 비친 자신의 얼굴에 애정을 기울일 필요가 바로 여기에 있다.

텔레비전에 나오는 면접 대기자들은 왜 모두 비슷한 자세일까?

아무리 우수한 인재라도 정작 인재선발시스템을 통과할 수 없다면 인재로 대접받지 못한다. 이게 현실이다. 그리고 인재선발시스템을 통과하는 데 면접의 중요성은 커지고 있다. 이번에는 면접장에서 취해야 할 보디랭귀지 및 동선에 관해 좀 더 구체적으로 알아보자.

 지원자가 면접장에 들어서면 자리에 앉아 있는 세 명의 면접전형위원과 맞닥뜨리게 된다. 세 명의 면접전형위원 중 두 명은 교내전형위원으로 해당 고등학교의 선생님들이다. 다른 한 명은 전형의 공정성을 위해 각 시도에서 위촉한 위촉전형위원으로 다른 고등학교의 선생님이다. 중간 자리에 내부인 중 책임자급 위치의 사람이 앉아서 좌우 전형위원을 조율하므로 특히 유념할 필요가 있다. 전형위원들은 번갈아 가면서 질문을 하게 된다. 자신의 모든 것을 보여줄 타이밍이다. 침착하게 자신의 '생각하는 힘'을 보여주자.

인사 타이밍

인사는 문을 열면서 하는 게 좋을까?

문을 닫고 바로 하는 게 좋을까?

착석할 의자 옆으로 가서 하는 게 좋을까?

아니면 세 번 다 하는 게 좋을까?

이 모든 것의 근본 원리를 깨달아야 한다. 힌트를 주자면 면접장은 교실이라는 것이다. 교실이라 꽤 넓기 때문에 자신이 앉을 의자로 걸어오는 동안 벌써 2~3초가 흘러간다. 문을 열면서 이미 눈이 마주쳤는데 인사도 하지 않고 뚜벅뚜벅 걸어갈 수는 없는 노릇이다. 밝은 표정으로 문을 열면서 들어가 문을 닫고 바로 하는 게 좋다. 인사를 두 번 해라, 세 번 해라, 인사는 90도로 해라, 자신의 수험 번호와 이름을 고함치듯 외쳐라 등 이상한 요령을 가르치는 곳이 많은데 유념할 것이 하나 있다. 정작 실제 면접관들은 그 모든 것을 탐탁지 않게 생각한다는 것이다.

쓸데없는 감정 표출이나 과장된 공손함은 전부 노이즈, 잡음에 불과하다. 본질적이지도 않고, 정제되지도 않은 잡음이나 내는 학생들을 하루에 30~40명씩 봐야 한다고 생각해보자. 역정 나기 십상이다.

문을 닫는 방법과 인사하는 방법

문을 열고 들어온다는 것은 지원자와 면접관 사이에 첫인상이 형성되는 중요한 순간이다. 면접관들은 이번에 들어올 지원자가 과연 어떤 학생일지 궁금하다. 이 중차대한 순간에 등을 보이게 360도 뱅

글 돌면서 문을 닫을 이유가 없다.

눈은 면접관과 교감하면서 손을 등 뒤로 보내 닫으면 된다. 공연히 두리번거리거나 사람이 세 명이라고 인사를 세 번 할 필요도, 90도로 인사할 필요도 없다. 받아들이는 입장에서 이 모두 '노이즈'에 불과하다. 공손함을 보이려는 것이 목적이므로 목이 아닌 허리를 45도 정도 굽히며 정중하게 한 번 인사한 후 '앉으세요' 등의 안내에 따라 착석한다.

면접 기본 보디랭귀지

이 글을 읽고 있는 독자가 텅텅 빈 지하철에 탔다고 가정해보자. 다음 역에서 승객이 한 명 탔는데, 널린 게 빈자리인데도 불구하고 굳이 독자 바로 옆에 와서 앉는다면 어떤 기분이 들까? 위화감이나 상황에 따라서는 공포감까지 들 수 있다. 상대방에게 어떤 의도가 있으며, 내 영역이 침범당했다는 생각이 들기 때문이다.

주차 문제로 시비가 붙은 두 성인을 관찰하고 있다고 가정해보자. 이들을 관찰하다 보면 재미있는 점을 발견할 수 있다. 감정이 격해지면서 신체가 투쟁 모드로 접어들면 상대보나 사신의 신체영역을 늘리느라 안간힘을 쓴다. 인간 역시 결국 동물이라 상대보다 자신이 우위에 있다는 점을 알리기 위해서 신체영역을 크게 보이려는 본능적 태도를 보이는 것이다. 일반적으로 군대 조교 등 타인에게 권위를 보이려는 의도를 가진 사람들이 허리에 손을 올리고 발을 넓게 벌리는 식의 보디랭귀지를 구사한다.

이렇게 인간에게 영역에 대한 개인적·문화적 감각이 있다는 것을 간파하고, 이를 근접학(Proxemics)이라는 학문영역으로 승화시킨 사람이 있다. 바로 에드워드 홀(Edward Hall)이다. 그는 '영역의 크기는 권력의 크기와 비례한다'는 명언을 남겼는데, 이를 음미해보면 지원자의 면접 자세가 어떠해야 하는지 알 수 있다.

지원자는 평가받는 입장에 있다. 연륜으로 보나 사회적 지위로 보나 절대 면접관보다 권력 우위에 있지 못하다. 신체영역을 적당히 줄인 상태에서 몸을 살짝 앞으로 기울이는 편이 공손해 보인다. 공손해 보이고자 한다면, 그 어떤 경우에도 팔다리를 벌리거나 등받이에 등을 기대거나 책상에 팔꿈치를 얹지 않는다. 그 자체로 신체영역 확장이 되기 때문이다. 오른쪽 사진을 보자.

학생 A는 다리를 너무 벌리고 있고 척추가 무너져 있다. 손을 무릎 위에 올리고 있기 때문에 벌서는 자세처럼 보이고 어깨에 힘이 들어갈 수밖에 없다. 자신이 편하게 손을 놓을 수 있는 곳을 찾아서 그 느낌을 숙지해야 한다.

지원자 앞에 책상을 놓는 경우가 많은데, 그렇다고 학생 B처럼 팔을 올려놓지 않도록 한다. 신체영역 확장이며 마찬가지로 어깨에 힘이 들어간다. 책상이 없는 것처럼 자세를 취하고 앉는다. 책상이 나

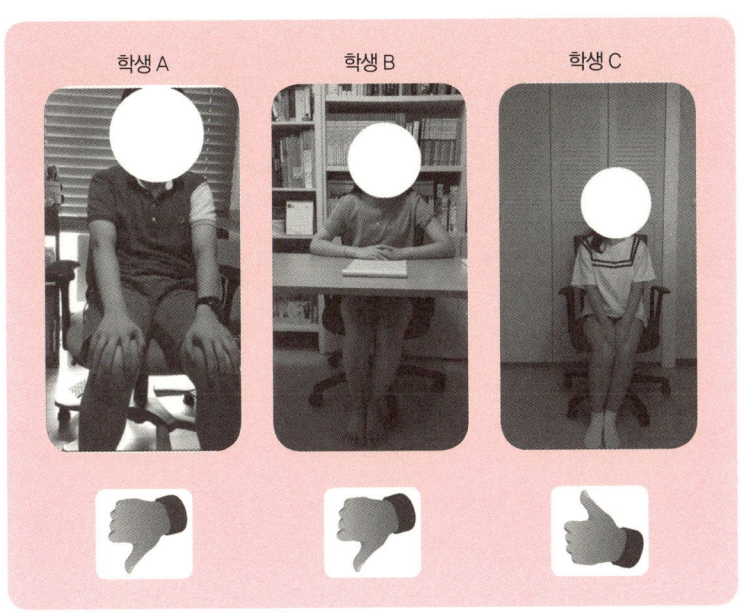

학생 A   학생 B   학생 C

를 가려줄 거라고 생각하고 책상 뒤에서 다리를 떨거나 손과 손가락을 비틀거나 하지 않는다. 면접관에게 다 보이고 느껴진다.

학생 C를 보자. 지극히 안정적인 자세이다. 남학생의 경우, 다리를 이렇게 극단적으로까지 붙일 필요는 없다. 볼썽사납게 쩍 벌리지 말고 적당히 붙이면 된다. 면접관들은 전부 앞에 앉아 있다. 앞에서 보았을 때 단정하고 보기 좋은 자세가 성말 좋은 사세이나. 부모님도 의자에 앉고 학생도 의자에 앉은 상태에서 그런 자세를 찾고 자연스럽게 몸에 배게 하는 편이 좋을 것이다.

생각을 손가락으로 보내지 말고 허로 보내라

시선, 즉 눈동자는 면접관을 은은히 (쩌려보면 곤란하다) 응시한다. 그리고 손은 무릎이나 허벅지에 가만히 놓는다. 이 경우에도 앞에서 봤을 때 안정적으로 보여야 한다. 손깍지를 끼거나 맞잡고 있을 경우 긴장 상황이 되면 비트는 경우가 있으므로 비틀지 않을 자신이 없다면 아예 떨어뜨려놓는 것도 좋겠다. 그 어떤 경우에도 손과 손가락은 움직이지 않는다. 다수를 상대로 연설할 경우에는 주목을 끌기 위해 손과 손가락을 사용하는 것이 도움이 된다. 실제로 유명한 연설가들은 고유한 손, 손가락 제스처가 있다.

면접장의 보디랭귀지는 다르다. 세 명의 면접관으로부터 이미 주목이란 주목을 다 받고 있는 상황에서 손을 들까부는 것은 산만하고 절제력이 없다는 것을 보여줄 뿐이다. 면접관들이 조용히 지원자의 말에 집중할 수 있도록 한다. 잘 모르겠는 질문이 들어온다고 울거나 찌푸리거나 하지 않는다. 답변이 술술 나와도 웃는다. 답변이 막혀도 웃는다.

퇴장 시의 보디랭귀지

모든 답변을 마치고 면접이 끝났다. 속이 후련하다는 표정으로 곧장 등을 보이며 쌩 하니 나가야 할까? 오만상을 찌푸리고 한숨을 푹푹 쉬면서 고개를 떨어뜨리고 나가야 할까? 마무리를 잘하자. 웃으면서 들어가, 웃으면서 답변하고, 웃으면서 나온다. 이게 핵심이다.

주어진 면접 시간이 끝났다면 자리에서 일어서서 인사를 드리고 나온다. 인사 타이밍은 입장 시와 반대가 된다. '나가 보세요' 등의 지시에 맞추어 자리에서 일어나 의자 옆으로 한 걸음 뗀 후 그 자리에서 인사를 드린다. 문까지 2~3초를 걸어가서 인사를 하는 것은 정제된 움직임은 아니다. 그 모든 걸 면접관들이 보고 있으며, 행동거지 하나하나에 지원자가 어떤 사람인지가 드러난다. 그러니 평소에 똑바로 살아야 한다.

유념할 점이 하나 있다. 주관적 판단하에 잘 본 것 같아서 우쭐한 표정을 짓거나, 못 본 것 같아서 우울한 표정을 지어서 나오는 길을 망치지 않도록 한다. 화살이 과녁에 맞을 때까지는 결코 과녁에 맞은 게 아니니까 말이다.

우수한 면접 답변 이전에
우수한 '생각'이 먼저

공교육 vs 사교육, 융합적 · 인문학적 소양

교육 컨설팅을 하다 보면 많은 학부형과 학생 들을 만나게 된다. 여러 이야기들이 오가지만 이들이 (어쩌면 모든 인간이) 장래에 관해 공통적으로 희망하고 있는 것은 다음과 같은 한 단어로 압축된다. 사회경제적 지위 향상.

'교육과 사회경제적 지위 향상은 아무 상관도 없다'는 식의 말을 하기 이전에, 일반인이 어쩌다 이 둘을 연결하여 인식하고 있는지부터 이해할 필요가 있다. 그러기 위해서 일단 공교육(public education, 公教

育)의 출현 배경을 살펴보자.

공교육에 대한 사전적 정의는 다음과 같다.

공교육

훌륭한 국민을 육성한다는 공공적인 목적을 위하여 국가 또는 지방
자치단체가 설립·운영하는 학교교육 또는 이에 준하는 학교교육.

요컨대 각국 정부에서 책임지고 실시하는 교육이 공교육인 것이
다. 고대에서부터 이러한 공교육을 실시했었던 것은 아니다. 국가나
중앙집권정부가 출현하고 나서도 한참 후에야(시민혁명과 인권 개념, 산
업혁명과 표준화 개념 이후) 공교육이라는 것을 실시하게 된다. 왜 그랬
을까? 인류 역사의 대부분은 신분제사회였고, 신분제사회에서 하
층 계급 구성원들에게까지 교육을 실시할 아무런 이유도 없었기 때
문이다. 지식으로 머리가 깨인 자들을 죽도록 부려먹기란 쉽지 않은
법이다.

신발 만드는 노동 등으로 혹사당하는 후진국 아동도 있기는 하지
만 신분제를 깨뜨린(석어노 표면석으로는) 현내 문명국가에서 아동과
10대들은 매우 융숭한 대접을 받고 있다. 하지만 따지고 보면 이런
현상은 매우 특이한 것이다.

신분제 폐지, 아동 인권 신장, 표준화된 교육이라는 개념이 등장

하지 않았던 시절에는 아동과 10대(특히 하층민 계층의 자녀)야말로 위험한 곳에서 위험한 일을 시키기 딱 좋은 취약 계층에 불과했으니 말이다. 어쨌거나 국민국가 체제에서는 전체 국민의 수준이 곧 국가의 경쟁력을 의미하게 되었으므로 공교육 체제가 빠른 속도로 정착하게 된다. 이른바 '국민교육' '대중교육'의 시작이다. 특히 공교육에서 채택한 '시험'이라는 제도는 기존의 신분제를 대신해 개인의 학습 지능에 따라 사회적 지위를 획득할 수 있는 합리적인 제도로 인식된 것이다.

그럼 이 공교육과 관련하여 최근 정부가 어떤 생각을 하고 있는지 들여다보자. '창의' '융합' 등 일관된 키워드가 보인다. '창의' '융합' 등이 화두가 되기 시작한 것은 지난 2011년 정부에서 '융합인재교육(STEAM)'을 표방하고 나서부터이다. 2016학년도부터 서울 지역 과학고 면접에서는 STEAM형 문제가 출제되며, 2018학년도부터는 고등학교 문·이과 통합교육도 시행될 예정이다.

STEAM이란 'Science, Technology, Engineering, Arts & Mathematics'의 약어이다. '창의적 융합인재 양성'을 위해 과학, 기술, 공학, 인문학, 예술, 수학 등을 융합하여 가르치겠다는 것이다. 비단 우리만의 문제는 아니다. 과학 기술 발달로 사회가 급격히 재편되고 있기 때문에 각국 정부에서 교육과정 개편에 나서고 있는 실정이다.

공교육과 대비되어 쓰이는 개념으로 사교육(private education, 私教育)이 있다. 어떤 이들은 다음과 같은 주장을 편다.

옥스퍼드 같은 중세 유럽의 대학들이나 조선 시대 서당 등에서 실시한 교육은 정부가 주도한 것이 아니므로 사교육에 해당한다. 사교육 이야말로 인류교육 역사의 원조이다.

필자가 보기에 이런 주장은 고대나 중세 같은 사적교육기관밖에 없었던 시절의 교육과 현대 국가의 제도권 밖 사교육을 똑같은 것으로 잘못 인식하고 있다는 자기 고백으로밖에 들리지 않는다. 둘은 전혀 다르며, 특히 우리나라에서 사교육은 매우 유별난 위치를 차지하고 있으므로 이 둘을 단순 비교하는 것은 곤란하다.

우리나라에서 공교육과 사교육은 보완재(complementary goods)적 성격을 갖고 있다. 이 둘을 아울러 살피며 자신의 목적을 도모하면 된다. 합리적 의사 결정자들은 이미 그렇게 하고 있다.

서울대는 〈서울대학교 2017학년도 학생부종합전형 안내〉라는 책 사에서 인문학적 소양이 풍부한 과학사, 자연과학석 지식이 풍부한 인문학자 등을 원한다는 내용을 명시하였다. 융합형 인재에 대한 언급인 셈이다. 단순한 정보 전달 위주의 수업으로는 학생 개개인의 특성을 발휘하기 어렵다는 말도 이어졌다. 관련 내용이 〈서울대학교 2017학년도 학생부종합전형 안내〉 책자에 다음과 같이 기술되어 있다.

최종 어떤 분야로 진로가 선택되더라도 고등학교에서의 모든 공부는 대학생활을 넘어 사회생활에 기초가 되는 교양의 밑거름이 됩니다. 고등학교 과정에서 지식이나 학문을 지나치게 편식하는 것은 지적 균형을 이루는 데에 도움이 되지 않습니다. 인문학적 소양이 풍부한 과학자! 자연과학적 지식이 풍부한 인문사회학자! 철학과 과학을 아우르는 예술가! 여러분들의 멋진 미래입니다. (후략)

서울대 측에서 융합형 미래인재를 원한다고 공식화하였기 때문에 많은 특목고·자사고에서는 재학생들을 대상으로 인문학 특강 프로그램을 개설하여 실시하고 있다. 인문학을 통해 융합적 사고력을 증강시켜주겠다는 것이 그 목적이다. '인구론(인문계 졸업생의 90퍼센트가 논다)'이라는 신조어가 나올 정도로 대학 내 인문학의 입지는 좁다. 그런데 왜 다시 인문학을 운운하는 것일까? 현대사회에서 인문학이 중요한 이유는 다음 두 가지 정도로 이해할 수 있다.

첫째, 융합적인 지식의 기본이 된다.

현대사회에서는 과학적·기술적 혁신을 아주 중요하게 여긴다. 하지만 사회에서 정책을 펼치거나 기술을 가진 기업이 성공하기 위해서는 단순한 과학적 혁신이나 지식만으로는 무척 어렵다. 사회에 대한 융합적인 이해를 갖고 있는 것이 필수적이라는 것이다.

융합적인 지식은 경험과 배움의 폭을 넓히므로 그만큼 지혜와 생각의 폭을 넓힐 수 있다. 지식 그 자체만으로는 활용도가 낮을 수 있지만, 지식을 쌓은 만큼 여러 가지 영감을 받을 수 있고 생각하는 관점도 다양해지기 때문에, 인문학을 공부한 사람은 분명히 다른 사람에 비해 더 창의적이고 다른 방식으로 생각할 수 있게 된다.

둘째, 과거와 근본에 대한 이해에 필수적이다.

인문학은 과거나 역사에 큰 중점을 두고 인간이란 존재의 문화와 뿌리를 연구하는 학문이다. 과학에서는 느낄 수 없는 인문학 공부의 장점인 것이다. 인간이 과거에 저지른 잘못이나 성공적인 사건을 연구하면서 여러 교훈을 얻을 수 있다.

예컨대 인문학의 일종인 인류학에서는 인간이 어떻게 발전해나갔고, 사회가 어떻게 변천하였는지 등을 연구한다. 이런 사회 발전 현상 등을 연구하면서 미래에는 사회가 어떻게 바뀔 것이고 현재는 어떤 식의 접근이 제일 적합할 지 등의 부분에 대해 더 생각해보는 것이다. 인문학이 융합적인 지식을 위해서 그리고 현재까지의 사회 추세 등을 이해하기 위해 꼭 필요한 이유이다.

　정부는 '인문학이 창조의 바탕'이라는 점을 이해하고, CORE (initiative for COllege of humanities Research and Education)사업을 통해 대학의 인문교육 역량을 강화하고자 나섰다. 산업 연계교육 활성화 선도대학을 선정하여 수요를 고려하지 않은 인력 공급이 발생하는 현상을 개선하는 데에 주안점을 둔 PRIME(PRogram for Industrial needs - Matched Education)사업 등과 함께 최근 교육부에서 추진하는 사회 수요 맞춤형 고등교육 인재양성 방안사업 중 하나이다.
　이 CORE사업은 다음과 같은 문제의식에서 출발한다.

첫째, 대학 밖 인문학은 융성하고 있으나, 대학 내 인문학의 위상은 낮아지고 있어 기초학문 기반이 와해될 우려가 있는 점.
둘째, 2014년 인문계열 졸업생의 취업률은 45.5퍼센트로, 전체계열 졸업생의 평균 취업률 54.8퍼센트에 훨씬 못 미친다는 점.
셋째, 그간 대학재정지원사업(BK, CK, LINC, ACE 등)도 대부분 이공계 위주로 진행하여 인문학에 대한 예산 지원은 부족한 수준이었다는 점.

교육부에서 밝힌 CORE사업의 필요성은 다음과 같다.

첫째, 한국사회의 지속 가능한 발전에는 인문학적 사고력, 통찰력, 문제 해결능력 등 인문소양을 갖춘 창의인재가 필요하다는 것.

둘째, 국가경영전략 차원에서 세계 각 지역의 언어, 문화, 사회, 역사, 경제에 정통한 글로벌 지역전문가를 중점 육성할 필요가 있다는 것.

셋째, 지속 가능한 인문학의 진흥과 생태계 확립을 위해 우수한 연구·교수 인력을 양성할 필요가 있다는 것.

대학 측이 CORE사업의 발전모델로 받아든 것은 글로벌 지역학, 인문기반 융합전공, 기초학문심화, 기초 교양 대학, 대학 자체 개발 모델의 다섯 가지이다. CORE사업신청 대학 측에서 이 중 하나를 꼭 선택해야 하는 것은 아니며 발전모델 간 결합 등 다양한 형태로 변형이 가능하다고 되어 있다.

개인적으로 가장 흥미가 갔던 것은 네 번째 발전 모델인 기초교양 대학 모델이다. 이 모델에서는 전 계열 학생을 대상으로 인문교육을 실시하여 인문소양을 갖춘 창의인재를 양성토록 되어 있다. 예컨대 독서 + 프리젠테이션 능력, 문화 + 마케팅·경영전략, 사진·예술 + 광고 등 기초학문분야 교양교과 및 인문학 융·복합교육과정 운영을 통해 인문학에 대한 학생들의 관심과 역량을 제고하거나, 의과대학에 '생명의료윤리', 경영대에 '경영철학', 공대에 '공학윤리' '과학사' '환경윤리' '공학적 글쓰기' 교과목을 개설하는 식이다.

어차피 인문학이라는 단일 요소만으로는 현재의 ICT 중심 산업구조에서 경쟁력을 발휘할 수 없는 것이 현실이므로, 차라리 이러한 핵심산업 창조의 바탕이 될 수 있는 인문학적 토양을 전체 학생들에게 교육시키는 것이 옳다고 보기 때문이다.

CORE사업의 시범 기간은 2016년부터 2018년까지 3년으로 되어 있다. 사업 유지 기간이 중요한데, 사업 수행에 따른 학과구조 개편 등 제반사항은 사업 지원 종료 후에도 5년까지 유지하도록 되어 있다. 즉 2016년에 CORE사업수행 대학이 선정되고 20~25개 대학의 인문역량 발전 모델이 확정되면 2023년까지 8년 동안 계속된다는 점이다. 이 사업이 어떤 결실을 맺게 되는지 현재로서는 예단하기 어려우나, 현재 중·고등학생들은 이런 분위기 속에서 대학 생활을 하게 될 것이라는 점을 유념하고 일찌감치 인문학적 소양을 축적하는 데 주의를 기울여야 할 것이다.

여기서 질문 하나. 고입 자기주도학습전형에서는 인문학적 소양이 어떻게 작용할 수 있을까? 지원자들이 자기소개서를 작성할 때 가장 많이 고민하는 부분은 크게 두 가지이다.

첫째, 자신이 가진 학업적 역량의 우수성을 어떻게 어필할 것인가.

둘째, 다른 지원자들과 자신이 차별화되는 부분은 과연 무엇인가.

이 두 마리 토끼를 잡기 위해 외대부고, 하나고, 대원외고, 경기외고 등의 인문학 특강 프로그램에서 실시하는 것과 같은 도서를 미리 접하여 학업적 역량도 키우고 다른 지원자들과 차별화하는 데에 성공할 수 있다면 어떨까? 아울러 인문학적 · 융합적 소양까지 키울 수 있다면? 그리고 그것을 생활기록부나 자기소개서에 기재하고 면접장에서 어필할 수 있다면? 특목고 · 자사고 면접관에게 호감을 주기 충분할 것이다.

넘나드는 독서와 융합 지식의 필요성
·····································

〈한나 아렌트〉라는 영화에 다음과 같은 대사가 나온다.

소크라테스와 플라톤 이래 대개 생각이란 이런 것을 가리키는 것이었습니다. 나 자신과의 조용한 대화. 아이히만(Eichman)이 인성을 버리고 완전히 포기한 것은 가장 인간적인 능력인 생각하는 능력이었습니다. 그 결과 그는 더 이상 도덕적인 판단을 할 수 없었던 겁니다. 이렇게 생각을 못하면 수많은 보통 사람들도 큰 악행을 저지를 여지가 생겨요… 내가 바라는 건 사람들이 생각하는 힘으로 예기치 않은 일이 닥칠 때, 그것을 이겨낼 힘을 갖게 되는 것입니다.

이 대사에 등장하는 아이히만은 나치스 독일을 대표하는 전범(war criminal) 중 한 명이었다. 유대인들을 열차에 태워 수용소로 이송하는 것이 그가 맡은 임무였다. 1960년, 아르헨티나에 숨어 살던 그가 체포된다. 이스라엘 초대 수상 다비드 벤구리온(David Ben-gurion)의 지시로 이스라엘 첩보기관 모사드가 15년이나 그를 추적한 후였다.

예루살렘으로 압송된 그는 공개재판에 회부된다. 한나 아렌트(Hannah Arendt)라는 정치철학자가 이 세기의 재판에 〈뉴요커〉 특파원 자격으로 참관한다. 그녀 역시 아돌프 히틀러(Adolf Hitler) 통치하의 독일을 떠나 미국으로 망명한 유대인이었다.

그녀가 이 재판 과정을 지켜보며 느낀 점을 술회한 책이 그 유명한 《예루살렘의 아이히만》이다. 아이히만은 공개재판 내내 '위에서 시키는 대로 명령을 따랐을 뿐 자신은 아무런 잘못이 없다'는 주장을 굽히지 않았다.

한나 아렌트가 놀랐던 것은 수백만 명을 학살한 그가 악인이라기보다는 우리 주변에서 흔히 볼 수 있는 평범한 중년 남자라는 사실이었다. 오랜 숙고 끝에 한나 아렌트는 아이히만을 새로운 유형의 범죄자, 즉 악의 평범성(banality of evil)을 지닌 인물로 평가하게 된다. 자신의 행동을 비판적으로 생각하지 않게 될 때, 그처럼 평범한 사람들이 당연하게 여기는 일이 인류악이 될 수도 있다는 의미이다. 그리고 그가 범한 죄는 생각하지 않은 죄라는 것이다. 자신의 행동으로 인해 남이 겪게 될 고통에 대해 생각하지 않은 죄였다.

'인간의 생각'이라는 불꽃을 피우는 땔감은 무엇일까?

태어나 접하는 다른 사람의 말과 글과 행동이다. 그렇게 피어난 한 인간의 생각은 내면적 숙성을 거쳐 자신만의 말과 글과 행동으로 드러난다. 학습 혹은 공부의 핵심 역시 이와 무관하지 않다. 다른 사람의 말과 글과 행동으로 이루어진 무수한 정보를 자신의 두뇌에 입력(input)한 후, 통찰 과정을 거쳐 개인적 혹은 사회적 가치를 도출(output)해내는 것이다.

모든 면접은 그 결과를 보고 지원자에 대해 판단해가는 과정이다. 지원자의 말과 행동(자세나 태도 등)이 어우러져 한 인간에게서 뿜어져 나오는 생각하는 힘을 보고 있는 것이다.

대한민국 인재선발시스템은 3대 플랫폼(성적, 서류, 면접)으로 안착되었다고 했다. 글과 말이 중요하다고도 했다. 문제는 글과 말이 '그냥 잘 나오는가'이다. 아니다. 양실의 input이 있어야 생각 과정을 서쳐 그럴싸한 output이 나오게 되어 있다. 생각이라는 불꽃이 피우기 위한 땔감이 필요한 이유이다. 양질의 input을 논할 때 대개 처음 거론되는 것이 바로 독서이다. 〈2017학년도 서울대학교 학생부종합전형 안내〉라는 책자에 독서의 중요성에 관해 다음 내용이 기술되어 있다.

독서는 모든 공부의 기초가 되며, 대학생활의 기본 소양입니다. 어디서 책을 찾을까요? 수업 안에서도 답을 얻을 수 있습니다. 교과와 관련된 인문학, 사회과학, 자연과학, 철학, 공학 분야 도서를 수업 활동 중 선생님이 추천해주실 수도 있고 토론활동, 주제탐구 활동에도 관련 도서를 만날 수 있습니다. 어떤 책을 읽어야 할까요? 그것은 여러분의 선택입니다. 이미 학교생활에서 도서를 선정하는 계기를 많이 접할 수 있을 것입니다. 더 알고 싶은 분야의 전문서적을 찾아 읽을 수도 있고, 호기심으로 책을 선택할 수도 있을 것입니다. 책을 읽다가 생긴 궁금증으로 또 다른 책을 선택하기도 합니다. 어떤 분야의 책이든지 읽고 또 읽어가는 사이에 생각하는 힘, 글쓰기 능력, 전문지식, 의사소통 능력, 교양이 쌓여갈 것입니다. 타의에 의한 수박 겉핥기식 독서는 도움이 되지 않습니다. 수많은 책 가운데 그 책이 나에게 왜 의미가 있었는지, 읽고 나서 나에게 어떤 변화를 주었는지 생각하기 바랍니다.

독서는 크게 개인 차원의 독서와 집단 차원의 독서로 구별할 수 있다. 이를 하나씩 살펴보자. 개인적 차원의 독서는 단순히 관심 분야의 독서를 하는 경우, 다중 거미줄형 융합독서를 하는 경우로 나눌 수 있다. 관심 분야의 독서란 쉽다. 관심이 가는 분야의 전문적인 책을 찾아 읽는 것이다.

다중 거미줄형 융합독서는 이와 다르다. 가령 '예술가들이 세계를 바라보는 방식'에 관한 책을 읽었다면, '예술가들이 세계를 바라보는 방식'을 중심점에 둔다. 여기에 중심을 두고 방사형으로 뻗어 나가 세잔, 쇠라, 고흐, 모네 등의 예술가에 관해 다룬 책을 읽는다. 그다음부터는 세잔, 쇠라, 고흐, 모네 등의 예술가를 중심에 둔 후, 그 중심에서 뻗어 나올 수 있는 다양한 소재를 다룬 책을 읽는다. 이렇게 연관 정보를 연거푸 확장시키면서 이 영역, 저 분야를 넘나들며 읽는 독서가 바로 다중 거미줄형 융합독서이다.

이 모델에서는 거미줄의 중심점이 매번 바뀌면서 다양한 영역을 건드릴 수 있다. 중심 주제의 변주, 융·복합이 터지면서 생각이 활활 타오를 여지가 생기는 것이다. 시작은 예술가에서 비롯되었을지 몰라도 각각의 하위 소재가 중심점이 되는 과정을 반복하기 때문에, 역사학, 철학, 물리학, 수학, 의학과 관련한 흥미롭고도 다양한 중심점으로 확장하며 독서를 지속할 수 있다.

개인적 차원의 독서를 집단이 같이하며 다양한 분야의 시식을 융합할 수도 있다. 이러한 집단 차원 독서는 자율동아리 활동의 일환으로 활용 가능할 것이다. 다음 흐름을 보자.

○○○ 독서탐구 동아리 결성 → 5~10명의 조원이 같은 책을 읽은 후 그다지 경쟁력도 없는 독서 감상문 대신 동아리 부원 진로에 맞춘 개별 탐구보고서를 작성하기 위한 개별 탐구 주제 선정 → 관련 논문을 찾아 읽고 강의·강연을 들은 후 실제 탐구보고서 작성 → 조원별 발표 및 발표 자료 공유 → 5~10명의 탐구보고서 지식융합 → 서류에 기재할 수 있을 뿐만 아니라, 머릿속에 넣고 면접장에 들어갈 수 있는 새로운 포트폴리오 탄생.

예컨대 인문학 도서로 분류되는 《총, 균, 쇠》에는 역사나 철학 등의 인문학적 요소뿐만 아니라 인류학, 고고학, 진화론, 경제학, 식물학, 동물학, 미생물학 등등 다양한 분야의 지식이 함유되어 있다. 이 책만 그런 것은 아니다. 거의 모든 양서(良書)가 그렇다. 이렇듯 양서가 가진 융합적 지식 중 자신의 진로에 맞는 부분을 발췌하고 이를 심화 탐구한 후, 그렇게 얻은 정보와 통찰력을 동아리 친구들과 나누는 것이다. 다음 예시를 보자.

[학생 A] 진로: 중동 전문 외교관
《총, 균, 쇠》에 등장하는 '비옥한 초승달 지대'라는 하위 소재를 탐구보고서 중심점(주제)으로 선정. 〈이슬람國家의 法原理와 家族法制〉 〈Understanding 9/11: Why Did al Qai'da Attack America?〉 등의

논문 탐색 및 강연 청취 후 〈이슬람국가(IS)와 알카에다의 전략적 공통점과 차이점〉이라는 보고서 작성.

[학생 B] 진로: 미생물 학자

《총, 균, 쇠》에 등장하는 '천연두 및 동물 관련 전염병'이라는 하위 소재를 탐구보고서 중심점(주제)으로 선정. 〈메르스 확산! 무엇이 문제인가? 신종 감염병에 대응하는 의료 인프라 개선을 위해 우리에게 주어진 짧은 Golden Time〉 〈Epidemics, Pandemics and Outbreaks〉 등의 논문 탐색 및 강연 청취 후 〈천연두(smallpox), 메르스(MERS) 그리고 결핵〉이라는 탐구보고서 작성.

[학생 C] 진로 희망: 경제학자

[학생 D] 진로 희망: 데이터과학자

[학생 E] 진로: 로봇공학자 …

여기서 우리가 기대할 수 있는 효과는 다음 두 가지이다.

첫째, 이 모델에서는 모두가 같은 책을 읽더라도 동아리 부원들이 각자 자신의 진로에 초점을 맞춘 다양한 보고서를 접할 수 있다. 다른 조원들이 작성한 보고서 프레젠테이션을 통해 중심 주제의 다양한 변주, 융·복합이 터질 여지가 있으며 이를 서류에 기재할 수 있다.

둘째, 프레젠테이션 및 말하기 능력을 신장시킬 수 있다. 제아무리 빼어난 인재라 할지라도 현 단계의 인재선발시스템을 통과할 수 없다면 인재 대접을 받기 어렵다.

그렇다면 현 단계의 인재선발시스템은 어떻게 흘러가고 있을까? '창의융합형 인재 강조' '정시 및 논술 축소·폐지' '학생부종합전형 확대' '지원자의 이미지와 콘텐츠 기반 말하기가 근간인 면접 중요성 증가' 정도로 압축된다. 최근의 인재선발시스템에서 주먹질의 숙련도를 요구하고 있는데 혼자 발차기만 연습하고 있는 것은 아닌지 자문해볼 필요가 있는 것이다.

문제는 개인 차원의 독서이든 집단 차원의 독서이든 독서로만 끝내서는 인재선발시스템 통과에 별반 도움이 되지 않을 수도 있다는 점이다. 이왕이면 우수성이 드러날 수 있도록 서류에 표현되는 것이 좋다. 다음 독서 활동 상황 기재 예시를 보자.

종의 기원: 찰스 다윈의 《종의 기원》 독후 활동으로 추가 자료를 조사하던 중, 이행적 변종인 시조새를 현대 3D 기술로 복원한 모습을 보고 문화재 디지털 복원에도 해당 기술을 적용할 수 있을지 탐구함.

〈3D Scanning System을 이용한 문화재 디지털복원에 관한 연구〉 등의 논문을 참고하여 고구려 고분벽화 등 문화재 디지털 복원 사례를 학습하고, 원각사지 10층 석탑, 〈송하맹호도〉 등 다양한 문화재에도 레이저스캐닝 기술이 사용 가능하다는 결론을 얻음. 이러한 디지털 복원이 해외 반출 문화재 환수에도 이용될 수 있다는 취지를 담은 〈문화재 디지털 복원의 실례〉라는 보고서를 작성함.

위 예시에는 책을 읽게 된 흥미, 동기, 계기 → 과정, 결과, 의의 → 후속 활동 및 다른 활동(보고서 작성, 강연 수강, 진로 활동, 연관 독서 등등)과 연계 → 내면적 변화와 구체적 행동 변화상 등이 뚜렷하게 서술되어 있다.

독서 외의 다른 대안과
온라인 공개강좌의 활용법은?

. . . .

특목고 · 자사고에 어떻게 하면 합격할 수 있는지 전략을 물어오는 분이 많다. 보통은 이렇게 답변한다.

합격을 위한 콘셉트부터 정하세요. 합격을 위한 콘셉트라는 것은 지원자가 서류나 면접에서 드러내려고 하는 주된 생각이나 강점을 의미합니다. 중학교 3년 동안 쌓아온 무질서하고 복잡하며 다양한 경험을 일관된 콘셉트로 정리해서 어필하는 것이 중요하다는 의미이죠. 콘셉트가 일관된다고 무조건 좋은 평가를 받는 것은 아니니 그것을 뒷받침할 수 있는 다양한 활동, 융합독서, 강의 수강 등의 콘텐츠가 풍부하게 드러나야 합니다.

자기소개서는 도입부에서부터 평가자를 몰입시킬 힘이 있어야 됩니다. 하루에 수십 개의 자기소개서를 읽어야 하는 지루한 작업이니 '이 학생을 만나보고 싶다'는 흥미를 유발시키는 것이 가장 좋겠죠. 자기주도학습영역 외에 지원동기, 학업계획, 인성 부분을 서술할 때도 학업적 역량을 드러낼 수 있는 방향으로 서술하는 것도 방법입니다. 콘셉트에 따른 콘텐츠를 조화롭게 배치하는 것도 무시할 수 없는 요소이죠.

그리고 면접을 아주 잘 봐야 됩니다. 2단계에서 면접평가의 중요성이 커지고 있으니까요.

과연 이렇게 시키는 대로 하면 전부 합격할 수 있을까? 합격, 불합격의 케이스가 워낙 다양하기 때문에 동일한 합격 전략을 주장하기 어려운 게 현실이다. 간혹 자녀나 지도 학생을 원하는 곳에 진학시킨 후 봉사 활동 시간 몇 시간, 책은 이것저것 몇 권 이상 융합적으로,

R&E나 교외 활동은 이렇게 저렇게 시켰더니 합격하더라 하는 일화가 인터넷카페 등에 등장하면 이것을 정설인 것처럼 신봉하는 경우가 많다.

하지만 이런 케이스 저런 데이터를 두루 경험한 실제 평가자들의 입장에서는 황당한 이야기가 수두룩하기 때문에 이에 동의하지 않는 경우가 다반사이다. 합격한 학생에 버금가는 수준의 활동을 했는데 불합격한 학생은 없는가? 많다. 이들의 실패담은 헛된 무용담에 묻힌 채 알려지지 않았을 뿐이다. 이런 저런 일화에 휘둘릴 필요가 전혀 없다는 말이다.

이쯤에서 생각해봐야 할 것은 '합격 목표나 전략이 그렇게나 중요한 것인가'라는 점이다. 물론 중요할 수도 있다. 하지만 이보다 더 중요한 것은 따로 있다. 일상생활 속에서 합격시스템을 구축하고 이를 준수하는 것 말이다. 〈딜버트(Dilbert)〉라는 비즈니스 풍자만화로 유명한 스콧 애덤스(Scott Adams)는 《열정은 쓰레기다(How to fail at almost everything and still win big)》라는 책에서 '목표는 필요 없는 것'이라는 주장을 한 바 있다. 그의 이야기는 이렇다.

당신이 '나는 10킬로그램을 빼겠어'라는 목표를 정했다고 생각해보세요. 10킬로그램을 빼기 전까지 당신은 실패를 반복하는 거예요. 반면 '올바르게 먹자'는 시스템을 만들었다고 생각해보세요. 그 시스템은 매일 만족시킬 수 있어요. 목표를 정하지 말고 시스템을 만드세요. 워런 버핏(Warren Buffett)이 '나는 얼마를 벌 테야'라고 목표를 정해놓고 돈을 벌었을까요? 그는 그냥 '저평가된 주식을 사서 주요 변화가 있을 때까지 묻어두기'라는 시스템에 따라 행동했기 때문에 성공한 거예요.

이 말이 옳다. 따지고 보면 '~에 합격하겠다' '~까지 최연소 부자가 되겠다' '~까지 몸짱이 되겠다' 등의 목표는 누구나 가질 수 있다. 하지만 시스템을 만들고 이를 준수하는 것은 아무나 할 수 없다. 일상생활 속에서 구축할 수 있는 합격시스템으로는 어떤 것이 있을까? 독서시스템에 관해서는 앞서 언급한 바 있으므로, 그 외의 부분에 관해서 짚어보자.

첫 번째는 Coursera('부록 2. 진로별 MOOC 관련 정보' 참고), edX, Udacity, SNUON, Ted-Ed, Khan Academy, 고교-대학 연계 심화과정 등의 교육사이트를 즐겨찾기에 등록하고, 원하는 관심 분야의 강의를 학습하는 방법이다.

Coursera의 경우 권장 프로세스는 다음과 같다.

APRIL 03, 2016

BEOM SEOK SEO

has successfully completed

Introduction to Communication Science

an online non-credit course authorized by University of Amsterdam and offered through Coursera

Rutger de Graaf, PhD
Graduate School of Communication Science
University of Amsterdam

Verify at coursera.org/verify/H8HS8G3TN7R5
Coursera has confirmed the identity of this individual and
their participation in the course.

1. Coursera에 회원 가입을 한다.
2. certification 획득을 위한 유료 코스(49$) 혹은 무료 코스를 선택한다. 후자의 경우 수강 내용은 동일하나 certification이 나오지 않는다. 유료 강의의 경우 노트북 웹캠을 통해 사진 촬영 등외 본인 인증을 해야 한다.
3. 진로 혹은 관심 분야의 강의를 탐색한다.
4. 수강한다. 강좌에서 기본적으로 transcript를 제공하고 있고 오픈북 형태의 시험을 보기 때문에 이를 복사하여 문서 형태로 정리해두는 것이 유리하다.
5. 수강 완료 후 Coursera 사이트에서 본인 인증을 거쳐 최대 일주일 내에 certification을 수여한다.

두 번째는 NDSL, RISS, Google Scholar, 한국연구재단 등의 전문정보사이트를 즐겨찾기에 등록하고 수시로 이를 활용하는 방법이다. 권장 프로세스는 다음과 같다.

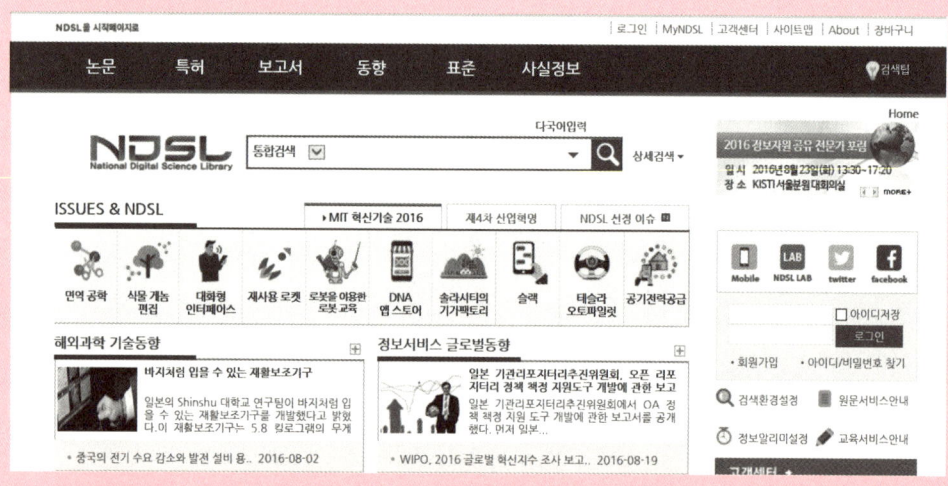

1. 위 사이트에 회원 가입한다.
2. 학문적 관심 분야 혹은 보고서 작성용 논문, 보고서, 동향 등을 탐색하고 다운로드받는다.
3. 다운로드받은 전문 자료를 참고하고 본인의 관점을 담은 보고서나 소논문을 작성한다. 작성 시 기존 자료 요약보다는 자신만의 분석이나 생각에 치중한다. 또한 작성 동기 등 모든 근거가 학생부, 수업 내용, 교과서 등의 학교교육과정에서 추출되는 것이 좋다.
4. 중학생 수준을 지나치게 벗어난 거대 담론보다는 생활 속(교과서 등)에서 주제에 대한 착상을 하는 편이 좋다.
5. 활동 내용을 잘 아는 것은 관리의 주체인 학생 자신이지 기재의 주체인 학교 선생님들이 아니므로, 이를 학생부 관리노트에 잘 정리하여두는 것이 좋다.

세 번째는 들쭉날쭉한 정보를 스크랩하고 분류하고 기록할 수 있는 에버노트, 원노트 등의 노트어플을 활용하는 방법이다. 일찍이 데카르트는 말하였다.

나는 생각한다. 고로 나는 존재한다.

요즘 같은 시대에는 이렇게 말할 수 있을 것이다.

나는 찍는다. 고로 나는 존재한다.

이 세상에는 SNS에 올릴 사진이나 동영상 등을 찍는 것보다 훨씬 다양한 스마트폰 활용방식이 있다. 이를 합격시스템 구축에 얼마든지 활용할 수 있음은 물론이다. 필자는 에버노트에 강연 아이디어, 집필 정보 등을 열심히 적어두거나 스크랩해두고 틈날 때마다 읽고 검토한다.

가수 싸이가 〈강남 스타일〉로 세계적인 성공을 거두고 있을 때의 일이다. 아시아의 또 다른 별인 성룡이 싸이에 관해 다음과 같은 평을 한 적이 있다.

싸이는 미국 진출을 생각하면서 〈강남 스타일〉을 만든 것이 아니에요. 자신의 본분을 지키고 열심히 노력하면서 계속해나갔기 때문에 타이밍이 맞아서 성공했던 것이죠. 할리우드를 이야기하기 전에 자신의 본분에 충실하세요. 우선 본인의 나라에서 잘해야 해요. 그렇다면 할리우드가 찾아올 거예요.

이를 고입 자기주도학습전형에 대입하여 변용하면 이렇게 될 것이다.

지원자는 특목고·자사고 입학만을 위해서 학생부에 신경을 쓰고 열심히 내신성적을 올리며 보고서나 소논문을 쓰는 것이 아니에요. 학생으로서 자신의 본분을 지키고 열심히 공부하면서 계속해나가는 시스템을 만들었기 때문에 성공했던 것이죠. 특목고·자사고를 이야기하기 전에 자신의 본분에 충실하세요. 우선 소속 중학교에서 잘해야 해요. 특목고·자사고에서 그런 학생들을 놓칠 리가 없어요. 우수함은 어떤 식으로든 티가 나게 되어 있으니까요.

일상 속에서 준전문가 소리를 들을 정도가 되는 것이 입시를 떠나 진짜 우수한 인재가 되는 길이라고 본다. 진짜배기는 어떤 식으로든 티가 나고, 이를 알아보고자 노력하는 것이 바로 면접관의 심리니까 말이다.

그럴싸한 면접 준비
vs
면접 문항의 유형 및 합격 답변

**면접 문항의 유형과
면접평가지에 대한 이해**

100미터 달리기 초보자들은 도착선에 맞추어 무의식적으로 속도를 줄이는 경우가 있다. 이러면 좋은 기록이 나오지 않는다. 20미터 정도를 더 내다보고 사력을 다해 도착선을 통과해야 최고 기록이 나오는 법이다. 중학교 내신도 마찬가지이다. A등급 컷인 90점을 목표로 힘을 조절하다 보면 정작 90점이 안 나올 수 있다는 말이다. 이 점을 정확하게 인식할 필요가 있다.

왜 그럴까? 고입 자기주도학습전형 1단계는 내신성적(+ 출결 점수)만으로 지원자를 가른다. 성취평가등급이 반영되므로 1단계의 변별력이 약해졌을 뿐 중요성이 떨어진 것은 아니다. 2단계로 갈 수 있느냐 없느냐를 결정하는 것은 여전히 중학교 내신성적이다. 95~100점을 내다보고 온 정성을 쏟아야 혹시 모를 B등급의 등장을 방지할 수 있을 것이다. 합격자의 대부분이 반영 과목 A등급으로 1단계를 통과했다는 점을 유념하자.

고입 자기주도학습전형 2단계는 서류평가와 면접평가로 구성되어 있다. 면접 문항은 보통 공통면접 문항과 개별면접 문항으로 나뉜다. 공통면접 문항은 학교 혹은 과정에 지원하는 모든 지원자들에게 공통적으로 나가는 질문이다. 대개의 지원자들은 이 공통 문항을 어려워하는 경우가 많다. 개별면접 문항은 자기소개서나 학생부에서 추출한 개인적 질문이다. 예상 질문에 대한 답변을 지원자가 미리 대비할 수 있다. 그렇기 때문에 답변을 미리 외워가는 학생들도 많이 보았다. 아무래도 진짜라고 보기는 어렵다.

공통면접 문항의 예

▶ 지원자가 최고의 과학자라고 가정하고 알 수 없는 이유로 조선 시대로 가게 되었다. 지원자가 알고 있는 과학 지식을 활용하여 사회적

으로 어떤 일을 하고 싶은지 말하시오.

▶ 지원자가 생각하는 적절한 인간의 수명을 최대한 논리적으로 설명하시오.

개별 면접 문항의 예

▶ 도함수를 활용하여 놀이동산의 상하 낙하하는 놀이기구 속도를 알기 위해 관련 책과 논문을 조사한 적이 있다고 하였습니다. 조사한 관련 책과 논문이 무엇이며 구체적으로 어떤 부분에서 도움을 받았습니까?

▶ 의사가 꿈인데 수학 공부를 열심히 하는 것이 의학에 어떤 도움이 되는지 설명해줄 수 있을까요?

입시건 입사건 면접을 보는 이유는 크게 두 가지 이유에서이다. 역량 확인 및 진위 여부 검증이다. 공통면접 문항이 '산탄총'이라면 개별면접 문항은 '저격총'에 비유할 수 있다. 전자가 넓은 범위의 질문을 통해 지원자의 역량이나 가치관을 확인하려 한다면, 후자는 맞춤형으로 정조준한 질문을 통해 지원자의 역량이나 가치관을 확인하고자 하기 때문이다.

공통면접 문항은 지원자의 개별적 역량을 확인할 수 있는 좋은 수단이 된다. 지원자의 인성, 가치관, 배경지식, 논리력 등 핵심 역량을 간파할 수 있기 때문이다. 이와 반대로 개별면접 문항의 경우는 진위 여부 검증이나 확장적 사고에 초점을 맞추는 경우가 많다.

최근 면접에서 특기할 만한 점이 있었다면 개별면접 문항에서 단순한 진위 여부 검증 차원을 넘어서는 복합적·연관적 질문을 던진 경우가 많았다는 점이다. 지원 고교 교육과정을 진로계획과 연관 지어 질문하거나, 독서 활동을 진로 혹은 사회 이슈와 연관 지어 복합적으로 질문하는 것 등이 이에 해당한다. 개별 질문에서 역량 확인까지 시도했다는 뜻이다. 평소 본인의 주관대로 확실한 식견과 내공을 길러오지 않았다면 낭패하기 십상이다.

면접평가 과정에 대한 이해를 돕기 위해 이를 단순화해보자. 어떤 특목고·자사고의 면접 질문은 세 개이며, 평가 문항당 점수 배점은 10점, 문항당 점수 급간은 2점(2-4-6-8-10)이라고 가정해보자. 자기소개서 평가와 마찬가지로 모든 지원자들은 중간(6점) 점수에서 시작한다.

면접 질문에 대한 답변이 우수할수록 점수는 오른쪽으로 향한다. 반대의 경우라면 왼쪽으로 향할 것이다. 결론적으로 고입 자기주도 학습전형을 통과하기 위한 결정적 키워드를 두 가지 정리하면 다음과 같다.

첫째, 학업적 역량.

둘째, 진로에 대한 명확한 비전 및 수행능력.

자기소개서에서 이를 드러내고 면접에서 이를 확인시켜준 지원자들이 불합격했다는 소식은 아직 들은 적이 없다.

그럴싸한 면접 준비 요령
한 번에 익히기

. . . .

인간은 어떨 때 행복할까?

'되고자 하는 나'와 '현재의 나'의 모습이 일치할수록 행복할 것이다. 둘 사이의 괴리가 크면 클수록 불행할 것이다. 면접의 근본 원리도 이와 같다. '서류에 표현된 나'와 '현재의 나'가 일치할수록 성공 가능성이 높아질 것이다. 서류에는 천하에 둘도 없는 인재처럼 서술되어 있는데, 현재의 나는 그렇지 않다면 실패할 수밖에 없다. 성공적인 면접에 왕도란 없다. 이것이 진실이다.

면접의 품질을 높이려면 원칙적으로 자기소개서, 학생부 능 순비된 서류의 품질이 높아야 할 것이다. 왜 그럴까? 개별면접 문항이 바로 이런 서류에서 추출되기 때문이다. 그렇다면 품질 높은 서류란 구체적으로 어떤 것을 가리키는 것일까?

읽었을 때 서류평가자가 작성자에 대한 궁금증과 호기심이 생겨 직접 만나서 말을 나눠보고 싶다는 생각이 들게끔 할 수 있는 서류가 좋은 서류이다. 소위 말하는 평가할 거리가 많은 서류 말이다. 최종 접수 전까지 모든 서류를 꼼꼼히 챙겨놓아야 하는 이유이다.

서류는 어찌어찌 잘 꾸미긴 했는데, 실제로 머릿속에 든 게 없다면 어떨까? 면접관 앞에서 어디서 한번쯤 들어본 것 같은 공허한 말만 읊조리게 될 뿐이다. 지원학교별로 자기소개서에서만 면접 질문이 나올 수도, 학생부와 자소서 모두에서 면접 질문이 나올 수도 있기 때문에 남은 기간 관련된 서류를 한 문장씩 정독하며 연관 정보를 추가로 찾아 읽고 정리하여 머릿속에 갈무리해둘 필요가 있다.

인간은 자신이 경험한 만큼만 보고 생각할 수 있기 때문에 경험의 폭을 넓혀놓을 필요가 있다. 시간이 없으므로 간접 경험의 힘을 빌리는 수밖에 없다. 그런 다음 머릿속에서 숙성시켜 자신에게 창의적·융합적으로 생각하는 힘이 있다는 것을 뿜어내는 방법만이 고득점으로 가는 유일한 길이다.

자기소개서 작성 과정이든, 면접 준비 과정이든 그 근본 원리는 똑같다. 잔가지를 쳐내고 핵심만 남기는 것이다. 그 과정에서 알게 된다.

나는 어떤 사람인가?

내가 진정 원하는 것은 무엇인가?

내가 정말 되고자 하는 것은 무엇인가?

그것을 이루기 위해 나는 어떻게 살고 있는가?

모든 준비 과정을 마치고도 이 점을 깊이 깨닫지 못한 지원자가 있다면 헛수고만 한 셈이다. 면접관의 질문에 창의적이고 차별화된 답변을 자신 있게 내놓기는커녕, 누구나 할 수 있는 수준의 말만 뇌까리다 나올 확률이 높다. 일단 어떤 식으로든 답변을 하였다면 점수를 받기는 받을 것이다. 하지만 중간 지대의 점수일 터이다.

그럴싸하게 면접을 미리 대비하고 연습해보려는 학생들에게 도움이 될 기본적인 요령을 몇 가지 이야기해볼까 한다. '이런 것을 왜 연습까지 해야 할까'라는 의문이 들 수도 있다. 모두 실전 적응력을 높이기 위해서이다. 그 쉽다는 운전면허 장내기능시험을 보러 가더라도 이미지트레이닝을 하고 가는 것이 낫다. 누구나 약간씩 긴장하게 마련인 평가 상황에서, 안전벨트를 매지 않고 출발하는 것 같은 어이없는 실수를 방지할 수도 있으니까 말이다. 연습이나 대비 없이는 실전도 형편없다.

합격에 대한 조바심을 내지 말자

면접을 봐야 한다는 것은 이미 자신이 경쟁 구도 안에 있다는 것을 의미한다. 자신뿐 아니라 누구나 합격하고 싶어 한다. 안절부절못하고 조바심을 낸다고 합격문제가 해결되기는커녕, 긴장 그리고 긴장에서 오는 피로도만 높아질 뿐이다. 누구로부터 주입된 것인지는 모르겠으나 이 학교에 불합격하면 인생 끝장이라고 생각하는 학생, 학부형이 많다. 그렇게 극단적으로 투쟁심을 불태우고 있는데 긴장이 풀릴 리 만무하지 않은가?

한때 정답이라고 생각했던 것이 시간이 지나고 보면 오답일 수도, 오답이라고 생각했던 것이 시간이 지나고 보면 정답일 수도 있는 것이 인생이다. 인생에는 수많은 선택지가 있다. 그 선택지를 너무 좁게 보면서 살 필요 없다. 그 시간에 눈을 감고 호흡을 세든지, 얼굴 근육을 풀어보든지 하면서 긴장감을 녹이는 편이 득이다.

면접장의 동선을 인식하고 들어서는 연습부터 하자

문고리를 돌리기 전에 웃음 혹은 밝은 표정을 장전한다. 이때야말로 면접관들과 첫 대면이 이루어지고, 지원자의 첫인상이 결정되는 순간이다. 이렇게나 중요한 순간을 인식하지 못하고 망쳐버리는 학생들을 많이 보았다. 이런 학생들의 특징은 다음과 같다. 쭈뼛쭈뼛 어색한 표정으로 들어와서 두리번두리번 하다가 인사를 하는 둥 마는 둥 서둘러 자리에 앉으며, 그 와중에 의자를 발로 걷어차거나 한다.

면접을 자신의 우수성을 어필할 기회의 장으로 생각해야지, 도살장에 끌려온 소처럼 굴 필요는 없다. 안방, 화장실, 셔틀 버스 등등 문고리를 돌리고 들어설 수 있는 곳이라면 어느 곳에서나 연습할 수 있다.

면접관들은 전부 눈을 뜨고 있다는 점을 잊지 말자

면접장에 면접관은 세 명이다. 사람이 세 명이라고 인사를 세 번할 필요가 없다. 공손하게 한 번 인사하고 지정된 자리에 앉는다. 공손하다는 것은 팔다리를 벌려 너무 넓은 영역을 차지하지 않는 것을 말한다. 자연스럽게 거두어들이고 눈동자는 면접관을 응시한다. 면접 준비가 끝났다는 표시이다. 그 모든 걸 면접관들이 보고 있으며, 행동거지, 표정 하나하나에 지원자가 어떤 사람인지 드러난다. 결정적 순간(MOT)이다.

이미 주목이란 주목은 다 받고 있으므로, 쓸데없이 과장된 손동작 등으로 시선을 끌 필요도 전혀 없다. 질문을 받으면 밝고 자신감 있는 표정으로 자신이 그동안 축적한 학업적 역량, 스토리, 관심 분야, 진로에 대한 자신의 생각과 의견을 말로써 보여주면 된다.

면접관을 출력해서 나 자신부터 설득해보자

불세출의 액션스타 이소룡은 집 안 모든 곳에 운동기구를 놓아두었다고 한다. 눈에 띌 때마다, 생각이 날 때마다 신체 단련을 게을리하지 않았던 것이다. 면접 준비 훈련도 이와 같이 한다. 평소에 해두어야 한다. 인터넷에서 20~60대까지의 인물 사진 세 장을 출력하자. 실제 얼굴 크기 사진이 좋되, 자신이 좋아하는 연예인 사진은 뽑지 말자. 실제 면접관들은 그렇게 생기지 않을 확률이 높기 때문에 면접장에서 당황할 수 있다.

세 장의 사진을 의자에 자연스럽게 앉았을 때 자신의 눈높이와 같도록 방 벽이나 거실 벽에 나란히 붙여 놓는다. 사진 속 인물의 눈을 쳐다보면서 예상 질문에 대한 답변이 되었든 사회 이슈에 관한 자신의 생각이 되었든 조리 있게 말하는 연습을 해본다. 면접의 속성을 잘 이해하였다면 그에 맞는 어투와 톤을 활용하도록 하자.

면접관들의 공통적 특징에 대한 인식이 있어야 한다

첫째, 모든 면접관들은 단기 기억상실증 환자이다. 왜 그럴까? 이 학생이 나가면 저 학생이 들어오는 일이 하루 종일 반복되기 때문에 5분 전 답변 내용을 기억할 수도, 기억할 필요도 없기 때문이다. 따라서 주어진 매 순간에 성별·연령·배경이 천차만별인 세 명의 면접관들에게 우수하다는 인상을 주는 것이 중요할 뿐, 어려운 말을 쉴 새 없이 떠드는 것은 중요하지 않다. 면접관들은 전부 선생님들이기 때문에 행동거지, 어투 정도만 보아도 어떤 학생인지 대강 알 수 있다.

둘째, 모든 면접관들은 '모르겠다'는 말이나 반문을 그다지 좋아하지 않는다. 그러니 뇌를 쥐어짜서라도 어떻게든 답변을 내야 한다. '모르겠다'는 말은 '해당 면접 문항에 대한 점수를 포기하겠다'는 선언과 다를 바 없다.

셋째, 모든 면접관들은 혀가 잘 돌아가는 학생보다는 콘텐츠가 있는 학생에게 눈길이 간다. 콘텐츠 하나 없는 달변보다는 눌변이라도 콘텐츠가 있는 쪽이 이길 수 있다는 이야기이다. 자신이 쌓아온 학업적 역량을 믿고 누구나 흔히 할 수 있는 이야기 말고 남과 차별화된 자신의 견해를 조리 있게 밝히자.

답변 시간을 인식할 수 있어야 한다

이른바 생체 시계 마련법이다. 면접 준비의 근본 원리 중 하나는 '너 자신을 알라'이다. 각 특목고 · 자사고마다 면접 문항의 유형, 개수, 답변 제한 시간 등이 모두 다르며, 이마저도 해마다 바뀐다. 같은 점이 있다면 시계 등 전자 제품을 착용하고 면접장에 들어가지 못한다는 것이다. 그러므로 평소에 시계 없이도 대략적인 시간을 인식할 수 있는 생체 시계를 마련해두는 편이 좋을 것이다. 자기소개서가 완성되었다면 나올 만한 예상 면접 질문을 뽑아보자. 수십 개의 예상 면접질문이 나올 수 있으니 이를 바탕으로 훈련하면 된다.

평소 다양한 MOOC 강의를 수강하고 있다고 했는데, 지원자가 생각하는 MOOC 프로젝트의 장단점을 이야기해보세요.

Hubbert Peak Oil Curve를 이해하는 것이 에너지문제 해결에 어떤 도움이 되죠?

다음에 보이듯이 각 질문에 대한 답변을 지원하고자 하는 학교의 면접 답변 시간에 맞게 글로 작성해본다. 문항당 답변 시간이 2분인 곳에 지원한다면 자연스럽게 말로 했을 때 2분 내외가 되는 길이의 글로 작성해보는 것이다. 같은 길이의 글이라도 어떤 학생은 훨씬 길게 말할 수도 어떤 학생은 훨씬 짧게 말할 수도 있다. 각자 말하는 속도가 다르니까 말이다. 이 훈련을 계속적으로 하다 보면 자신의 답변 호흡에 대해 더 잘 알게 될 것이다.

MOOC란 Massive Open Online Course의 약자로 오늘날 진행되는 여러 인터넷 강의를 의미합니다. MOOC의 장점은 바로 가격과 편리성입니다. 이러한 교육은 인터넷상으로 찾기가 쉽고 수강생은 실제로 만나서 교육받는 것보다 싼 가격의 강의를 접할 수 있습니다. 그리고 이러한 교육은 집에서 들을 수 있기 때문에 왕복 시간을 절약할 수 있고, 인터넷상에서 언제나 다시 찾아 들을 수 있습니다.

저는 개인적으로 Coursera라는 사이트에서 강의를 들었는데 집에서 강의를 접할 수 있어서 편리했고 가격도 공짜였기 때문에, 무척 만족스럽게 훌륭한 강의를 접할 수 있었습니다.

하지만 MOOC교육의 문제점은 교사와 학생이 실제로 소통하기가 무척 어렵다는 것입니다. 한국은 교육적으로 사제 간의 관계도 중요시하고 교육을 통해 학생이 단순 공부 이상으로 여러 가지 조언을 받을 수 있습니다. 사람들에게 영향을 주는 면에서 부모나 임금만큼이나 중요하다는 의미에서 우리나라에는 군사부일체라는 말이 있을 정도입니다. 그러나 MOOC교육에서는 소통이 어렵고 학생과 교사 사이의 관계가 거의 없습니다. 그리고 학생의 개별적 질문이나 평가를 하기도 무척 어렵습니다. 많은 학생이 있고 실시간으로 질문의 답을 들을 수 없는 만큼 실제로 만나서 강의를 듣는 것보다 이런 측면에서는 조금 미흡합니다.

그럼에도 불구하고 이러한 문제점의 해결책으로는 제가 들은 강의가 좋은 예라고 생각합니다. 이 강의는 모든 수강생들과 교사진을 이어주는 단체 대화방이 있었는데, 이곳은 개별질문이나 여러 가지 토론을 할 수 있는 공간이었습니다. 이곳을 통해 수강생들은 교사진과 약간의 관계라도 형성할 수 있었고 여러 질문에 대한 답도 들을 수 있었습니다. 게다가 강의가 몇 주를 지나더니 교수님은 질문 등에 대해 실제 강의에서 답변을 해주기 시작하셨습니다. 일대일로 만나서 묻고 답변하는 것보다는 시차가 길었지만, 약간 진전이 있었다는 의미입니다.

예상 답변 2

Hubbert Peak Oil Curve란 모든 유전들의 생산량이 시간이 지남에 따라 어떻게 바뀔 것인지에 관한 그래프입니다. 대칭적인 종 모양으로, 처음에는 생산이 빠르게 늘다가 정점을 찍고 생산량이 떨어지는 형태입니다. 이 곡선은 인류의 에너지 수요의 3분의 1을 충족시키는 석유에 대한 그래프이기 때문에 중요합니다. 이 그래프를 통해서 우리는 통계 자료를 보고 한 유전이 Hubbert Peak Oil Curve의 어느 구간쯤에 위치해 있는지를 추측할 수 있습니다. 이러한 예측은 에너지문제에 관해 두 가지 도움을 줍니다.

첫째는 정부와 기업이 석유 생산이 줄어듦에 따라 미래에 대처할 수 있는 시간을 마련하는 기회이고, 둘째는 석유 사용의 효율적인 기획입니다. 각국 정부는 전 세계적으로 얼마만큼의 시간 동안 사용할 수 있는 양의 석유가 남았는지를 계산해서 그만큼 줄어들 석유를 대신할 에너지원을 찾고 이 분야에 투자를 강화해야 합니다. 그러므로 석유생산이 중단되는 그날까지 기다리는 것이 아닌, 생산량이 정점을 찍기 전 여러 분야에 투자를 해서 새로운 유정, 석유 효율 기술 그리고 다른 에너지원에 대한 기술개발 등이 필요합니다.

두 번째 이유로는 석유사용을 더 효율적으로 기획할 수 있다는 것입니다. 예를 들어 석유생산이 줄고 있다면, 다른 용도에 많이 쓰이는 석유를 전기발전에 사용하지 않는다든지, 사용빈도가 낮은 나프타와 윤활유 등을 크래킹을 통해 휘발유와 경유를 추가적으로 생산하는 등의 정책을 더 시행해서 가장 많이 사용되는 석유의 부분의 수요를 최우선적으로 다루고 다른 부분은 비교적 줄이는 등의 정책을 통해 감소하는 생산량에 대비할 수 있습니다.

그러므로 Hubbert Peak Oil Curve는 미래에 대처할 수 있는 기회와 석유 사용을 효과적으로 기획할 수 있는 기회에 대한 정보를 보여주기 때문에 에너지문제 해결에 큰 도움이 됩니다.

동문서답하지 말고 두괄식으로 키워드를 넣어 말해보자

면접을 잘 못 보는 사람과 연애가 잘 안 풀리는 사람 간에는 공통점이 있다. 바로 '상대방이 듣고 싶은 말을 안 하고 자기가 하고 싶은 엉뚱한 말만 한다'는 것이다. 연애 상황에서 누군가 '와, 오늘은 별이 밝네. 저기 저 가장 빛나는 별을 따주세요'라고 했다면, '요즘 쓸 일이 없어서 감춰 두었는데, 내 슈퍼맨 망토를 어디에 두었더라?' 상황에 맞게 이 정도는 나와 주어야 점수를 딸 수 있다. '현실 인식이나 가져봐라' 등의 대꾸로는 풀릴 일이 하나도 없다는 뜻이다.

면접도 이와 같다. 지원자에게 어떤 질문을 던졌다는 것은 면접관을 궁금하게 만드는 어떤 요소가 있다는 의미이다. 궁금해서 물어본 면접관을 더 궁금하게 만드는 답변을 내놓는 것이 최악이겠는가, 최선이겠는가? 면접관이 듣고자 하는 말부터 두괄식으로 한 문장 내어놓은 후 평소 학습한 내용을 바탕으로 적재적소에 키워드, 개념어 등을 넣어 말할 수 있다면 돋보일 수 있다. 예컨대 다음과 같은 질문이 나왔다고 가정하자.

예상 질문

자국 국익에 반하는 에너지정책을 개발도상국에게 사용해야 할 경우, 에너지경제학자로서 지원자는 자국의 이익과 타국의 건전한 발전 중에 어떤 선택을 할 것인지와 그 이유를 이야기해보세요.

가능 답변 1

생산량 조절을 통해 계속 석유를 낮은 가격으로 유지한다면 우리나라로서는 전체 에너지 중 37퍼센트를 차지하는 석유 가격이 낮아서 수입 비용을 적게 해서 흑자를 유지할 수 있을 것입니다. 하지만 세계적으로는 이 같은 현상은 중동에 큰 의존도를 초래하고, 개도국들의 신재생에너지 개발에 지장을 주고, 과소비를 통해 지구온난화를 촉진시키는 현상 등이 일어날 수 있으므로, 이 정책은 절대로 좋지 않을 것입니다. 또 단기적으로는 이러한 정책이 대한민국에게 불이익을 주는 것처럼 보일 수 있지만, 여러 다른 정책과 합친다면 최종 결과는 크게 다를 수 있다고 생각합니다. 그러므로 정책 하나를 결정하고 자신의 나라에 어떠한 영향을 미칠지를 일일이 계산해서 일희일비하는 것은 바람직하지 않다고 생각합니다.

예를 들어 대한민국이 무상으로 동남아시아 개도국들에게 자본과 기술 등을 지원하는 것은 단기적으로는 대한민국에게 불이익을 주는 것으로 보이지만, 예를 들어서 아시아 전체를 잇는 에너지 그리드가 건설이 된다면, 동남아의 풍부한 신재생에너지원으로 생산된 전기를 한국이 싼 가격으로 사용할 수 있고, 또 천연가스 등을 공급받을 수 있습니다. 따라서 장기적으로 여러 정책을 고려해서 결론을 내려야 하기에, 에너지경제학자로서 자국 국익에 반하는 에너지정책을 개발도상국에게 사용해야 할 경우, 저는 타국의 건전한 발전을 도우는 쪽을 택할 것입니다.

가능 답변 2

에너지경제학자로서 자국 국익에 반하는 에너지정책을 개발도상국에게 사용해야 할 경우, 저는 타국의 건전한 발전을 도우는 쪽을 택할 것입니다. 제가 이렇게 생각한 이유는 크게 두 가지 때문입니다. 첫째는 대의를 위해서, 둘째는 장기적인 시각 때문입니다.

우선 에너지 경제학자는 편향 없이 세계를 위한 객관적인 시각으로 에너지문제를 해결해야 한다고 생각합니다. 그리고 이미 많은 발전을 이룬 선진국과 건전한 발전을 해야 하는 개도국 중에는 단연 개도국의 문제를 중요시해야한다고 생각합니다. 에너지경제학자로서 자국만을 바라보고 정책을 펼친다면, 그 정책은 세계를 위해서는 절대로 도움 될 정책이 아니기 때문입니다. 예를 들어 생산량 조절을 통해 계속 석유를 낮은 가격으로 유지한다면 우리나라로서는 전체 에너지 중 37퍼센트를 차지하는 석유 가격이 낮아서 수입 비용을 적게 해서 흑자를 유지할 수 있을 것입니다. 하지만 세계적으로는 이 같은 현상은 중동에 큰 의존도를 초래하고, 개도국들의 신재생에너지 개발에 지장을 주고, 과소비를 통해 지구온난화를 촉진시키는 현상 등이 일어날 수 있으므로, 이 정책은 절대로 좋지 않을 것입니다. 또 단기적으로는 이러한 정책이 대한민국에게 불이익을 주는 것처럼 보일 수 있지만, 여러 다른 정책과 합친다면 최종 결과는 크게 다를 수 있다고 생각합니다.

그러므로 정책 하나를 결정하고 자신의 나라에 어떠한 영향을 미칠지를 일일이 계산해서 일희일비하는 것은 바람직하지 않다고 생각합니다. 예를 들어 대한민국이 무상으로 동남아시아 개도국들에게 자본과 기술 등을 지원하는 것은 단기적으로는 대한민국에게 불이익을 주는 것으로 보이지만, 예를 들어서 아시아 전체를 잇는 에너지망이 건설이 된다면, 동남아의 풍부한 신재생에너지원으로 생산된 전기를 한국이 싼 가격으로 사용할 수 있으며 천연가스 등을 공급받을 수 있습니다. 또한 장기적으로 여러 정책을 고려해서 결론을 내려야 하기에, 또 앞서 말한 이유로 세계를 위해서 타국의 건전한 발전을 선택할 것입니다.

어느 쪽이 더 선명한 답변을 내놓았다고 느껴지는가? 후자이다. 같은 답변이라도 내용을 어떻게 배치하느냐에 따라 면접관들을 지루하게 만들 수도 관심을 확 끌어당길 수도 있다는 말이다.

'왜(WHY)'라는 화두를 품어라

2단계 면접평가 시 유의할 점은 다음과 같다. 어차피 서류를 바탕으로 지원자에 대한 대략적 이미지는 형성되었기 마련이다. 면접은 이를 최종 확인하는 단계이므로 구체적인 활동을 체크하거나 역량을 확인하는 식으로 질문을 한다. 그러므로 수행한 활동이 있다면 이에 대한 일관된 스토리텔링이 되어야 한다. 따라서 그 활동을 대체 '왜(WHY)' 했는지 자문하면서 정리해둘 필요가 있다. 이를 바꿔 말하면 '왜'에 대한 설득력 있는 답변을 내놓지 못할 활동이라면 안 하는 것이 낫다는 말이기도 하다.

'한 학생을 고작 5분, 10분 보는 것으로 어떻게 우수성을 판단할 수 있는가'라는 질문을 많이 한다. 그에 대한 답변은 '충분히 판단할 수 있다'이다. 지원자의 답변을 통해 드러나는 구사 어휘나 스토리텔링 방식을 듣고 있다 보면 충분히 이해력, 분석력, 논리력을 판단할 수 있다. 그러므로 평소 지원자가 어떤 사고방식을 가지고 살아 왔느냐가 중요하다. 생각하는 힘의 깊이나 학업적 역량은 하루아침에 이루어지는 것이 아니기 때문이다.

특목고 · 자사고 면접 문항 예시 및 합격자 답변

이 책을 든 독자 중에는 아마도 이 부분을 맨 먼저 펼친 분들이 많을 것이리라 짐작한다. 필자로서는 처음으로 돌아가서 읽기를 권유하고 싶다. 또한 무엇이 중요한지 반문하고 싶다.

기출문제를 아는 것이 중요한가? 중요할 수도 있다. 문제는 해마다 학교별로 면접 문항 유형, 면접 답변 시간 등이 자주 바뀐다는 것이다. 앞으로 나오지 않을 수도 있는 유형을 일일이 쫓아갈 필요가 있겠는가, 없겠는가? 없다. 이보다 더 중요한 것은 면접의 근본 원리를 깨닫는 것이다. 어느 면접에서든 좋은 결과를 낼 수 있는 근본 원리는 동일하다. 생각하는 힘이 있느냐, 없느냐이다. '서류에 표현된 나'와 '현재의 나'가 일치하는 진짜 그런 사람이냐 아니냐이다.

[2016학년도 학교별 공통 문항]
공통문항 예시(전국 단위 자사고 사례)

▶ 외대부고

국제 · 인문 과정

다음 문장의 형식에 맞춰 현대사회의 특징을 규정하고, 이 사회에서 공동체가 지향해야 할 가치와 개인이 갖춰야 할 자질에 대해 근거를 들어 말해보시오.

현대사회는 (   ) 사회이다. 이 사회에서 공동체가 지향해야 할 가치는 (   )이며, 개인이 갖춰야 할 자질은 (   )이다. 왜냐하면 (   )이기 때문이다.

자연 과정

과학(기술)의 가치를 다양한 단위를 활용해 표현해보시오.

예시: 시간(초, 분, 시 등), 거리(cm, m, km 등), 무게(g, kg, t 등), 저장 공
간(B, KB, MB 등)

난이도 높은 면접 문항으로 유명한 외대부고 공통면접 문항에는 특
징이 있다. 위에서 보듯이 빈칸 채우기 형의 문제 출제 비율이 높다
는 점이다. 공통면접 문항에 잘 답변하는 방법으로는 어떤 것이 있을
까? 자신의 진로와 연결시킬 수 있는 거리를 찾아 연결시키는 방법
이 가장 좋다.

지원자가 수행한 것 중 아무래도 진로와 연관된 독서나 활동이 가장
많을 것이므로, 자신의 아카데믹한 역량을 어필하기에도 좋다. 예컨
대 진로가 국제형사재판소(ICC) 소추관인 지원자라면, '현대사회는
(강대국 위주의 사회)이다. 우리 사회는 (이를 인식)해야 한다. 개개
인은 (한걸음 더 나아가 이를 대비)해야 한다. 왜냐하면 (강대국의 이
익과 국제형사정의가 충돌하는 경우가 많기) 때문이다' 등의 답변을
내놓을 수 있다. 그리고 왜 이러한 답을 내놓았는지 차분하게 면접관
을 설득할 수 있다면 괜찮은 점수를 얻을 수 있을 것이다.

여학생

(집단토론)

▷ (지문) 사회 발전 과정에 대한 지문 제시

▷ 사회진화론과 사회순환론 중 두 관점 중에서 선택하여 의견을
전개하시오.

(공통문항)

▷ 집 근처에 강이 있다. 강물의 속도가 3m/s이고 배의 속력이
5m/s이며, 강물과 배가 한 방향일 때의 속력은?

▷ 방향이 서로 다를 때의 속력은?

▷ 한 방향으로 10분 동안 이동한 거리를 설명하시오.

▷ 원래 자리로 돌아가려면 시간이 얼마나 걸리겠는가?

▷ 추가: 피타고라스 정리를 이용한 수직거리를 구하시오.

▷ 우리나라에서 판매하는 탄산음료나 패스트푸드에 대해 죄악
세를 부과해야 하는가.

그동안 상산고의 집단토론 문항에는 시사적 요소가 포함된 경우가
많았다. 시사적 요소가 포함되어 있을 뿐 해당 시사의 사실관계를 아

느냐 모르느냐 같은 내용을 묻지는 않기 때문에, 평소 굵직한 시사 이슈에 대해 찬반 입장과 근거를 정리해두는 사고력 훈련을 해두는 것이 좋을 것이다.

집단토론 형식에 익숙해지기 위해서는 평소 찬반이 명확하게 갈리는 토론 프로그램을 보는 것도 좋겠다. 단, 토론 프로그램에서 간혹 볼 수 있는 성인 토론자들의 공격적인 발언 태도까지 흡수하는 것은 좋지 않다. 토론 형식만 빌렸을 뿐 어디까지나 면접이기 때문이다. 학생다운 경청 태도 또한 지원자에 대한 긍정적인 이미지를 형성하는 데 중요하다.

▶ 민사고

공통문항

〈국어〉

▷ 운율, 함축적이라는 단어에 대해 아는 대로 말해보시오.

▷ (가) 시에 대한 감상을 말하고, 제목을 붙여보시오.

▷ 시에는 형상화가 있는데, 이 시에서 그것이 나타난 부분을 찾아보시오.

▷ 각 시와 소설에서 갈등 상황에 대처하는 방식에 대해 말해보

시오.

▷ 소설 속 인물의 태도가 바뀐 이유에 대해서 말해보시오.

▷ (다) 설명문에 나타난 현상을 (가) 소설에서 찾아보시오.

▷ 토론과 토의의 차이점을 말해보시오.

▷ 한국 문학 중에서 읽어본 작품은 무엇이 있는가?

〈영어〉

▷ 투명 인간이 될 것인가? vs 하늘을 날 것인가?

▷ 1,000년 동안 계속 살 것인가? vs 10년씩 열 번을 살 것인가?

▷ 참인 문장 두 개와 거짓인 문장 한 개를 만들고, 참과 거짓을
추론해보시오.

〈역사(국사, 세계사)〉

▷ 대한민국 임시정부와 한인 애국단에 대해 말해보시오.
반민특위–친일파 청산은 지금도 가능한가?

▷ 삼국 시대의 전성기 – 왕권 강화 – 한강 유역의 중요성은 무
엇인가?

▷ 갑신정변의 내용과 김옥균에 대해 평가해보시오.

▷ 독립협회의 활동과 서재필에 대해 평가해보시오.

▷ 2차세계대전과 전체주의, 스페인내전에 대해 설명해보시오.

▶ 북일고

국제과정 인성 공통면접

▷ 친구 노트북으로 게임을 하다가 압수되었다. 어떻게 할 것인 가?

▷ 북일고 ○○과목 선생님인데 학생이 북일고는 △△과목이 더 중요하다고 말하는 것을 들었다. 만일 북일고 ○○과목 선생 님이라면 그 학생에게 무슨 말을 할 것인가?

일반과정 인성 공통면접

▷ 지하철에서 할머니와 30대 다리 다친 사람 중 누구에게 자리 를 양보하겠는가?

▷ 중간고사가 끝나고 의무자습을 해야 하는데 동아리 회원들이 외출을 하자고 한다. 동아리 팀장으로서 어떻게 하겠는가?

[2016학년도 면접 문항 및 답변 예시]

면접 문항 및 답변 예시

▶ 외대부고

(2017학년도의 경우 한 개의 공통문항과 두 개의 개별문항, 총 세 개의 면접문항에 대한 답변을 10분 내로 마쳐야 함. 전체 수험생 대기실 → 1인 대기실(공통문항이 제시되므로 혼자서 5분간 답변 전략 짤 수 있음) → 면접장(공통문항에 대해 2분간 답변 후 면접관이 던지는 개별문항 두 개에 각각 2분간 답변, 개별 문항 한 개당 각각 2분의 추가 질문 답변 있음)

공통면접 문항

다음 문장의 형식에 맞춰 현대사회의 특징을 규정하고, 이 사회에서 공동체가 지향해야 할 가치와 개인이 갖춰야 할 자질에 대해 근거를 들어 말해보시오.

현대사회는 (   ) 사회이다. 이 사회에서 공동체가 지향해야 할 가치는 (   )이며, 개인이 갖춰야 할 자질은 (   )이다. 왜냐하면 (   )이기 때문이다.

현대사회는 (에너지사회)이다. 이 사회에서 공동체가 지향해야 할 가치는 (협력)이며, 개인이 갖춰야 할 자질은 (협동)이다. 왜냐하면 (기후변화가 진행 중)이기 때문이다.

현대사회는 에너지사회라고 생각합니다. 우리는 현재 모두 에너지에 의존하고 있기 때문입니다. 특히 선진국에서는 화석연료를 사용해서 전기를 발전하고, 석유를 태워서 수송 장치를 운영하고 있습니다. 순간의 정전일지라도 우리 사회에 엄청난 타격을 입힙니다.

하지만 기후변화가 현재 진행 중이기 때문에 이러한 에너지사회끼리 협력해서 해결해야 합니다. IEA가 발표했듯이, 우리는 기후변화를 막기 위해 에너지 효율과 신재생에너지에 약 48조 달러를 2035년까지 투자해야 합니다. 미국이 2008년 경제 위기 때 bail-out으로 사용한 비용이 7000억 달러이고 이것이 미국 경제에 엄청난 타격을 입힌 점을 고려하면 이는 절대로 적은 금액이 아닙니다. 그러므로 몇몇 선진국들에게 의존해서 문제의 해결책을 찾는 것이 아닌 전 세계의 모든 나라들이 조금씩이라도 자신들의 역할을 수행해야 할 것입니다.

현대사회가 에너지를 대량으로 소비하고 있기 때문에 우리는 인간의 생존이 달린 2DS, 즉 지구의 평균온도를 산업혁명 대비 2도 이내로 유지하는 것은 필수적입니다. 이러한 나라 간의 협력이 필요한 상황에서 사회를 이루는 개개인 역시 협동심을 갖고 일해야 합니다. 그러므로 더 이상 서로와 경쟁을 하는 것이 아닌, 협동심에 바탕을 둔 미래사회의 구조 조정을 이끌어내야 할 것입니다.

또한 교육시스템 등에서 개개인을 평가하는 것이 아닌 팀의 성과를 종합적으로 평가함으로써 모든 사람에게 협동의 중요성을 강조하는 활동 등이 필요할 것입니다. 그러므로 기후변화문제에 효율적으로 대처하기 위해서라도 개별적 에너지사회들은 서로 협력해야 하고, 사회에 속해 있는 개개인 역시 협동심을 가져야 한다고 볼 수 있습니다.

개별면접 문항

온실가스 배출과 경제성장은 어떠한 상관관계가 있는가?

답변 예시

온실가스 배출과 경제성장은 비례관계에 있다는 것이 정설이었으나 최근 추세를 보면 꼭 그렇지는 않습니다. 지금까지 세계경제는 공장의 생산에 의존해왔습니다. 이는 공장에서 더 많은 물품을 생산하고 소비자늘이 이러한 불품을 계속 사용하는 순환 구조로, 경제가 팽창하면서 자연스럽게 공장 생산도 늘어나게 되었습니다.

현재 세계가 전체 에너지 수요의 80퍼센트 이상을 화석연료로 충족하고 있다는 점을 감안할 때, 공장의 생산이 늘면 에너지가 필요한

데 이 추가적 에너지를 발생시키는 데에 더 많은 화석연료가 필요합니다. 더 많은 화석연료 연소는 곧 온실가스 배출의 증가를 의미합니다. 하지만 2014년 처음으로 이러한 추세가 바뀌었습니다. 세계 경제가 3퍼센트 정도의 성장을 이뤘는데도 불구하고 전체 온실가스 배출량은 줄었습니다. 이는 상당히 고무적인 현상이므로 지속될 필요가 있습니다. 왜냐하면 이러한 디커플링 현상은 지구온난화를 산업혁명 대비 2도 내로 유지하고자 하는 인류의 목적에 필수적이기 때문입니다.

이러한 현상은 첫째, 여러 혁신적인 기술과 둘째, 시장의 변화를 통해 이뤄졌습니다. 우선 에너지 효율이 높아지면서 전과 같은 양의 에너지를 필요로 하는데 효율이 높아졌다면, 전보다 에너지가 덜 낭비되기 때문에 전체 에너지 수요가 줄 것입니다. 그러므로 줄어든 에너지 수요로 화석연료를 전보다 많이 태우지 않아도 수요를 충족시킬 수 있을 것입니다.

둘째, 이제 공장만이 아닌 신소프트웨어산업과 금융산업이 탄생하면서 경제성장에 꼭 더 많은 실제 물품을 소비하는 과정이 필요하지 않기 때문에, 경제성장이 탄소배출량 증가를 불러일으키지 않는 현상도 나타났습니다. 이러한 두 가지 변화로 인해 앞으로는 경제성장이 일어나도 온실가스 배출은 감소하거나 현 상황을 유지할 수 있을 것이라는 점을 예상할 수 있습니다.

(2016학년도의 경우, 공통 문항 없이 15~20개의 개별면접 문항에 관해 15분 내에 답변)

질문 1

한글창제원리를 가르치는 수업을 진행한 적이 있다고 했는데, 한글 창제원리 두 가지를 설명해보세요.

답변 예시 1

한글은 동양적이고 한국적인 세계관을 담고 있는데, 삼재의 '천' '지' '인'을 본떠서 '아래 아' 'ㅡ' 'ㅣ'를 만들었습니다. 한글은 또한 글자를 발음할 때 혀의 모양을 본떠서 창제했는데, 'ㄱ'이나 'ㄴ'이 대표적인 예라고 할 수 있습니다.

질문 2

지원자는 평소 어떠한 방식으로 문예창작활동을 해온 것인가요? 특정한 목표를 잡고 글을 쓴 건가요?

답변 예시 2

아니요, 저는 제가 글을 쓰고 싶을 때 자유롭게 글을 썼습니다. 기존에 집필했던 작품 중 몇 편을 골라 작품집을 낸 적도 있습니다.

질문 3

영어 수업 시간에 조정래의 소설 《사람의 탈》을 한국어와 영어로 둘 다 읽었다고 했는데, 읽으면서 느낀 점은 없었나요?

답변 예시 3

제가 《사람의 탈》을 한국어와 영어로 읽으면서 느꼈던 점은 '번역'에 대해 생각해볼 수 있었다는 것입니다. 번역이라는 것은 하나의 텍스트를 다른 언어로 된 텍스트로 전이시키는 작업입니다.

번역에 대해서는 두 가지 견해가 존재하는데, 문학작품이라는 것이 애초에 하나의 이데아를 텍스트로 옮겨놓은 것이므로 이를 다른 언어로 번역하는 데에는 아무 문제가 없다는 견해와, 번역을 통해 특수한 문학성이 상실될 수도 있다는 견해가 있습니다.

저는 후자, 즉 특수한 문학성이 상실될 수도 있다는 견해를 갖고 있습니다. 예를 들어 《사람의 탈》에서는 한국 정서가 담긴 속담이 많이 등장하는데 이 부분이 영문으로 번역되었을 때는 그 의미가 상당히 변질되었다고 봅니다.

사실 요즘 중학교 국어교육에서 문학을 제외시켜야 한다는 의견이 많아요. 이 문제에 대해 학생은 어떻게 생각하는지 의견을 말해볼 수 있을까요?

답변 예시 4

문학은 종합 인문학이고, 인문학의 모든 분야가 총체적으로 집약되어 있는 학문입니다. 따라서 이 문제는 인문학이 소외되고 있는 현상과 함께 논의될 수 있다고 봅니다.

저는 인간이 인간 그 자신과 자신을 둘러싼 세계를 탐구해나가는 두 가지 방법이 바로 인문학과 자연과학이라고 생각하고 있습니다. 자연과학이 총을 만드는 것에 관한 학문이라면, 인문학은 그 총을 언제 쏠지 결정하는 학문이라고 볼 수 있습니다. 아주 중요한 목적 설정 자체에 대한 학문을 소외시키는 것은 옳지 않습니다. 인간에게 인문학은 중요하고, 인문학의 일부라고 볼 수 있는 문학 역시 중요하기 때문에 국어교육에서 문학을 제외시켜야 한다는 주장에는 반대합니다

자사고 개별면접 문항 예시

▶ 외대부고 개별 문항

[학생 A] 진로: 사회정책 애널리스트

▷ 한나 아렌트가 주장하는 일과 노동의 차이를 통해 한국 노동
의 문제점에 대해서 발표하였다고 했는데, 구체적으로 말해보
시오.

▷ 탐구 중 나라별 불균형 정도를 파악하기 위한 로렌츠곡선과 지
니계수를 학습하였다고 했는데 지니계수에 대해 말해보시오.

[학생 B] 진로: 판사

▷ 우리나라에서 사회적 약자의 국내 인권침해 사례를 이야기해
보고 판사가 이를 어떻게 해결할 수 있는가?

▷ 앞으로 유망할 수 있는 실버산업의 분야를 말해보고 경제성장
에 어떤 영향을 미칠지 이야기해보시오.

[학생 C] 진로: 진화생물학자

▷ 계통분류학보고서를 작성했다고 했는데 지금까지 나온 것과
어떤 차이가 있는가?

▷ 진화생물학자가 되는데 인문학적 소양이 어떻게 도움이 될 것이라 생각하는가?

▷ (추가 질문) 인문학이란 무엇인가?

▶ 하나고 개별 문항

[학생 A] 진로: 국제통상전문변호사

1. 자소서에 다른 자기주도학습은 좋은데, 수학은 탐구한 내용 없는가?

2. 통계를 전문적으로 공부했는가?

3. 중등 교과 중 가장 흥미로운 단원은 무엇인가?

4. 공부하면서 슬럼프가 올 경우 어떻게 이기는가?

5. 원주각과 중심각의 관계는?

6. 구성주의적 합리주의에 대해 설명해보시오.

7. 손석희를 존경한다고 했는데, 존경하는 이유가 무엇인가?

8. 법 소모임은 어떻게 모집하고 활동했는지 그 과정을 이야기해보시오.

9. 기억나는 판례가 있다면 아무거나 하나 말해보시오.

10. 법의 양면성에 대해 설명해보시오.

▶ 상산고 개별문항

[학생 A] 진로: 흉부외과의사

▷ 영어실력이 어느 정도 되는가?

▷ 학생부에 적힌 초심자의 행운, 통곡의 벽이라는 용어를 지금
　의 상황에 빗대어 설명해보아라.

－ 독서 · 인성면접

▷ 학생부 2학년 독서 《동물농장》

▷ 작가가 비판하고자 하는 것은?

▷ 작가의 가치관과 이 책에서 말하고자 하는 바는?

▷ 돼지들한테는 능력이 있지 않았는가?

▷ 3년간 반장, 부반장을 했는데 친구가 많은가?

▷ 흉부외과 의사가 되고자 하는 이유는?

－ 자기주도

▷ 인권운동의 대표적인 사례를 말해보시오.

▷ 영어 논설문 중 기억나는 내용, 영어로 다섯 줄 이상 말해보시
　오.

[학생 B] 진로: 의사

▷ 수학이 의사가 되기 위해서 어떤 도움을 주는가?

▷ RSA 암호에 대해 설명하시오.

–독서 · 인성면접

〈진화론〉

▷ 진화론과 창조론의 다른 점을 말해보시오.

▷ 진화론과 창조론의 갈등 시 조화롭게 할 수 있는 해결방안을 말해보시오.

〈난쟁이가 쏘아 올린 작은 공〉

▷ 소설에서 나타나는 사회현상과 현대사회에서 나타나는 사회 약자에 대한 대표적인 예와 해결방안을 말해보시오.

[학생 C] 진로: 미생물학자

▷ 바이러스에 대해 공부했는데, 바이러스가 무엇인가?

▷ 바이러스에 대해 어느 정도 공부했나?

▷ 레트로바이러스의 생존방식에 대해 말해보시오.

▷ 그 종류를 말해보시오.

▷ 테셀레이션의 정의와 테셀레이션을 응용한 유명한 화가에 대해서 말해보시오.

▷ 셋이서 구슬게임을 했다고 가정하자. 가위바위보를 하는데, 이긴 사람은 진 사람으로부터 자신이 원래 가지고 있던 구슬의 개수만큼 받는 것이다. 모두 한 번씩 이겨서 세 번의 게임을 했고, 이렇게 세 번의 게임이 끝났을 때 각자 27개의 구슬이 있었다. 그럼 처음에 시작할 때 세 사람의 구슬 개수는 같았을까? (종이 사용 가능)

▷ 그럼 셋 중 가장 많은 구슬을 가지고 있던 사람은 몇 개를 가지고 있었을까?

▷ 왜 그렇게 생각하는가?

– 독서 · 인성면접

▷ 학교 내에서 이성교제에 대해 어떻게 생각하는가?

▷ 의사가 되고 싶어 하는데, 우리나라 질병대책이 가지는 문제점에 대해 말해보시오.

▷ 컨트롤타워가 필요하다는 건가? 미생물학자가 되고 싶은 것이라면, 우리나라에서는 미생물학같이 기초과학이 설 자리가 많이 없는데 어떻게 극복해야 한다고 생각하는가?

▷ 전문적인 부분에 시민들이 어떻게 참여할 수 있다고 생각하는가?

▷ 생명공학의 공학적인 부분은 전문적인데 우주나 미생물학, 뇌

에 대한 연구 할 때 시민참여를 어떻게 유도하겠는가?

▷ 시민참여를 할 때는 과학기술에 세금 책정을 얼마나 해야 하는가? 이런 것은 할 수 있어도 연구에 대해서는 어렵지 않나? 우주의 블랙홀에 대해 연구하거나 뇌에 대해 연구하는 데 참여하는 시민이 있을까?

▷ 인문학적 소설을 읽고 깨달은 점을 자연현상을 이해하는 데에 사용할 수 있는 사례가 있을까?

▷ 자연현상을 이해하는 데 인문학적인 사고가 필요할까?

외고·국제고 개별면접 문항 예시

▶ 대원외고 개별문항

[학생 A]

▷ 신문을 읽고 경제와 언어 등을 배웠다고 했는데, 어떤 순서나 규칙을 갖고 읽은 것인가?

▷ 한국인으로서 경제 관료의 꿈을 키우는 데에, 대원외고가 어떻게 필요한 것인가?

▷ 자소서에서 나눔의 정신을 강조했는데, 나눔의 좋은 점이 무

엇인지 말해보시오.

▷ AIIB에 대해 소개해보시오. (추가) 답변에 이야기한 내용 중에 한국이 동아시아 경제의 축소판이라고 생각한 이유는?

[학생 B]

▷ 중세의 격투와 학교생활의 폭력에서 공통점과 차이점은 무엇이라고 생각하는가?

▷ 인권 의식에 대해 설문조사를 했다고 했는데, 문제의 원인과 해결방안은 무엇인가?

▷ 이슬람 인권침해의 예를 말해보시오.

▷ 대원외고의 지인용 정신을 바탕으로, 본인의 진로가 어떻게 연관되는지 말해보시오.

[학생 C]

▷ 부의 불평등문제의 대책은 무엇이며, 〈뉴욕타임스〉에 이에 관해 투고한 이유는?

▷ 융합적 사고의 사례를 들어보시오.

▷ 위안부 번역 도중 인상 깊었던 것은 무엇인가?

▷ 스페인어과를 지원한 이유를 말해보시오.

[학생 D]

▷ 역사 소논문의 주요 내용을 말해보시오.

▷ 영상매체예술과에서 새로운 미디어의 변화를 탐색하겠다고
했는데, 새로운 미디어의 변화가 무엇인지 구체적으로 설명해
보시오.

▷ 기자단에서 직접 면접 심사위원을 할 때 자기소개서에서 드러
난 진실성과 태도 등을 고려했다고 했는데, 어떤 방법으로 고
려했는지 설명해보시오.

▶ 경기외고 개별문항

[학생 A] 진로: 언어학자

▷ 1학년 때 고고학자에서 2학년 때 언어학자로 꿈이 바뀌었는
데, 이 둘의 공통점은 무엇인가?

▷ 책을 읽고 얻을 수 있는 가치와 제일 인상 깊게 읽은 책에 대
해 말해보시오.

▷ 번역에 대한 자신의 생각을 말해보시오.

▷ 번역할 때 힘들었던 점은 무엇인가?

▷ 한국어와 영어의 제일 큰 차이점을 말해보시오.

[학생 B] 진로: 국제부 기자

▷ 국립공원 케이블카 설치에 대한 찬반입장을 말해보시오.

▷ 동아리를 능동적으로 학습하기 위해 개설했다고 했는데, 오히
   려 친구들과 학습하는 것은 수동적이지 않은가? 만약 능동적
   이라면 그것이 자기주도학습에 어떠한 긍정적인 영향을 미쳤
   는가?

▷ 영어를 너무 잘해서 갈등한 경험에 대해 말해보시오. 만약 없
   다면 아무 갈등사례에 대해서 말해보시오.

▷ 학생의 꿈이 국제부 기자라 했는데, 동아리에서 교원평가제에
   대해 에세이를 작성한 것을 바탕으로 교원평가제를 기사로 어
   떻게 작성할 것인가?

▷ 최근 민족과 종교 간의 갈등이 계속되고 있는데, 이것이 해결
   되지 않고 지속되는 이유는 무엇인가?

▷ 만약 지원자에게 6개월의 자유 시간이 주어진다면, 어떤 일을
   하면서 그 자유 시간을 보낼 것인가?

[학생 C] 진로: 아나운서

▷ 소논문 두 개를 썼다고 했는데, 그 과정에서 어려웠던 부분과
   해결방법은?

▷ 어려웠던 과목을 말해보고 어떻게 극복했는지 설명해보시오.

▷ 공정한 언론이란 무엇인지? 공정한 언론인이 되기 위해 무엇을 해야 하는지 말해보시오.

▷ 존경하는 아나운서가 있다면 말해보시오.

▷ 수학에서 어려웠던 부분과 수학공부를 어떻게 했는지 하나의 원리를 예시로 들어 설명해보시오.

▶ 청심국제고 개별문항

[학생 A] 진로: 국제인권변호사

▷ 자소서에 쓴 경제보고서처럼 더 자세히 공부한 사례를 말해보시오.

▷ 스페인어 동아리에서 인상 깊었던 점은 무엇인가?

▷ 다른 친구에게 추천해주고 싶은 수학 공부법은 무엇인가?

▷ 법 해석법에 따라 달라지는 구체적인 예를 말해보시오.

[학생 B] 진로: 국제인권변호사

▷ 빈부격차에 대해 토론하고 빈부격차가 사회발전의 원동력이 된다는 주장을 반박했다고 했는데, 어떤 근거로 반박했는가?

▷ 빈부격차 해결방안은 무엇인가?

▷ 조선수학에 대한 보고서를 쓴 동기와 느낀 점을 말해보시오.

▷ 무단지각이 하나 있는데, 지원자가 생각하는 시간 약속의 중
요성은 무엇인가?

▷ 진학 후 활동계획을 말해보시오.

[학생 C] 진로: 환경국제공무원

▷ 자기주도학습 과정을 간단하게 말해보시오.

▷ 《왜 세계의 절반은 굶주리는가》를 읽고 작성한 에세이의 내용
을 구체적으로 말해보시오.

▷ 환경국제공무원이 우리 학교의 이타적 심성과 연관되는 점을
말해보시오.

▷ 환경동아리 봉사활동 중 힘들었던 점은 무엇인가?

[학생 D] 진로: 경제 분야 외교관

▷ 수학적으로 우수하다는 특성이 나타나있는데 자신만의 수학
공부법이 있다면 설명해보시오.

▷ 공정무역관련 탐구를 했다는데 이 내용에 대해 말해보시오.

▷ 자신의 인성에 영향을 미친 경험에 대해 말해보시오.

▷ 아름다운가게 봉사와 같은 교외 봉사 외에 교내에서 자신이
봉사한 일에 대해 말해보시오.

고입 사회통합전형안 관련 정보

외고, 국제고, 자사고, 과학고 등

※ 더욱 자세한 사항은 각 학교 전형 요항을 참고한다

1. 사회통합전형의 지원자격

사회통합전형의 지원 자격은 사회통합전형 대상자의 범위 중에서 고등학교 입학 사실이 없는 자로 한다.

2. 사회통합전형 대상자 범위

가. 1순위(기회균등 대상자)

① 국민기초생활수급권자 또는 그 자녀

② 기준 중위소득 50% 이하 가구(7, 차상위계층)로 교육감이 정하는
   사람 또는 그 자녀

③ 국가보훈대상자 또는 그 자녀

④ 한부모가족보호대상자 자녀(한부모가족지원법 제5조에 의한 복지급여

수급권자)

⑤ 기준 중위소득 59.2% 이하 가구(구, 차차상위계층)로 교육감이 정하는 사람 또는 그 자녀

⑥ 세월호 침몰사고 관련 희생자(사망자 또는 실종자)의 형제 · 자매 · 자녀(손자녀 포함) 중 2014.4.16. 현재 중학교 재학생(2017학년도 고입전형 시까지 한시적으로 적용)

　※ 증빙서류 : 학교장 확인서, 부 또는 모의 가족관계증명서

⑦ 학교장 추천 학생

※ 국민기초생활수급권자, 기준 중위소득 50% 이하 가구(구, 차상위계층), 기준 중위소득 59.2% 이하 가구(구, 차차상위계층)에는 포함되지 않으나, 가정형편이 어렵다고 학교장이 판단 · 추천한 자

※ '학교장추천위원회'구성 · 심의 · 검증 후 학교장이 경제적으로 어려움이 있다고 추천한 학생에 한함. 학교장추천위원회 회의록 사본과 객관적 증빙서류 첨부

[선정예시]

– 부양 의무자의 갑작스런 실직으로 생계에 어려움이 있는 경우

– 가계 파산 또는 재산 압류 등으로 생계에 어려움이 있는 경우

– 부양 의무자가 질병 · 사고 · 장애 등으로 근로능력을 상실하여 소득이 없거나 생계에 어려움이 있는 경우 등

[객관적 증빙서류 예시]

실직급여수급증 사본, 채권압류통지서, 법원 파산결정문 사본, 폐업확인서, 지역 건강보험료 영수증, 급여명세서, 재산세납입증명서 등

나. 2순위(사회다양성 대상자)

① 소년 · 소녀가장(형제 · 자매 포함)

② 조손가정 학생

③ 북한이탈주민(「북한이탈주민의 보호 및 정착지원에 관한 법률」제2조 해당자)

④ 순직군경 자녀, 순직소방대원 자녀, 순직교원 자녀

⑤ 다문화가정 자녀(「다문화가족지원법」제2조 해당자)

⑥ 아동복지시설 보호아동(「아동복지법」 제50조의 규정에 의하여 설치된 시설에 보호된 아동)

다. 3순위(사회다양성 대상자)

① 농어촌의 면단위 소새시 중학교의 세 개 학년의 전과정(1학년 3월 입학일부터 원 서 접수일 현재까지)을 이수중인 졸업예정자(단 학생의 지원에 의해 선발하는 학교는 제외)

② 세 자녀 이상 다자녀 가정 자녀(첫째 자녀부터 가능)

③ 준사관 / 부사관 자녀

④ 도서벽지 중학교 졸업예정자(2016년 2월 29일 이전부터 원서접수일 현재 재학 중인 졸업예정자)

⑤ 산업재해근로자 자녀

⑥ 한부모 자녀(「한부모가족지원법」 제4조 제1호~5호 해당자)

⑦ 전형을 실시하는 고등학교장의 요청으로 교육감이 승인한 사람 등

3. 사회통합전형 단계별 전형방식

가. 1단계(사회통합전형 모집인원의 1.5배~두 배수 선발)

① 1순위 지원자를 사회통합전형 모집인원의 1.5배~두 배수 이내에서 우선 선발한다.

② 1순위 지원자를 선발한 후 부족한 인원은 사회통합 전형 모집인원의 1.5배~두 배수 이내에서 2순위 대상자를 우선 선발하고 미달 시 3순위를 선발한다.

③ 우선순위 모집으로 인해 전형 기회를 잃은 후순위 지원자는 일반전형으로 전환하여 전형한다. (학과별 전형교는 일반전형 동일학과로 전환 가능)

나. 2단계 : 1단계 점수와 2단계 점수를 합산하여 선발하며 아래의 방식을 준용한다.

① 1순위 지원자로 사회통합전형 모집인원의 60%를 의무적으로 우선 선발한다.

② 1순위 합격인원을 제외하고 남은 모집인원은 1순위 탈락자, 2·3순위 대상자를 포함하여 순위에 관계없이 통합 선발한다.

다. 같은 순위 내의 대상자 간에는 우선순위를 적용하지 않는다.

라. 추가모집 시에도 이 전형방식을 적용한다.

4. 기타

．．．．．．．．

2순위와 3순위의 경우 소득분위 8분위 이하에 준하는 가정의 자녀에 한하여 지원할 수 있다.

진로별 MOOC 관련 정보

1. 법조인 관련 강좌

· · · · · · · · · · · · · · · · · ·

제목	Case Western Reserve University 'Introduction to International Criminal Law'
URL	https://www.coursera.org/learn/international-criminal-law
강좌 일정	자기 진도 맞춤 가능
주제	국제형사법률
내용	국제형사법률과 정책에 관한 강의이다. 뉘른베르크재판부터 헤이그재판소 등의 역사(첫 번째 강의), 집단학살, 전쟁범죄, 테러, 국제범죄 등의 국제범죄 (두 번째, 세 번째 강의), 법적책임(네 번째 강의) 등의 내용이다.
수료 여부	O
제목	University of Pennsylvania 'Introduction to American Law'
URL	https://www.coursera.org/learn/american-law
강좌 일정	자기 진도 맞춤 가능
주제	미국법
내용	미국법의 여섯 개 다른 분야에 대해 가르치는 강의이다. 불법행위법(1주 차), 계약법(2주 차), 재산법(3주 차), 헌법(4주 차), 형사법(5주 차), 민사소송법(6주 차)에 관한 강의이다.
수료 여부	O

제목	University of North Carolina at Chapel Hill 'Introduction to Environmental Law and Policy'
URL	https://www.coursera.org/learn/environmental-law
강좌 일정	자기 진도 맞춤 가능
주제	환경법 및 정책
내용	환경과 관련된 이슈를 접하고 오염, 수법, 멸종위기 종, 독성물질, 환경에 미치는 영향을 분석한다. 환경문제에 일반적인 법과 관련된 방식으로 접근하는 방법(1주 차), 재산과 환경(2주 차), 위험분석과 독성물질(4주 차), 오염과 기후변화(6주 차) 등으로 이루어진 강의이다.
수료 여부	O
제목	Wesleyan University 'Property and Liability: An Introduction to Law and Economics'
URL	https://www.coursera.org/learn/property-law-and-economics
강좌 일정	자기 진도 맞춤 가능
주제	재산과 법적 책임 · 책무
내용	미국의 법, 재산법, 법적 책임에 대해서 새로운 방식으로 배우고 경제적인 논리를 적용한다. 재산(1주 차), 교환과 효율성(2주 차), 외부성(3주 차) 그리고 범죄와 처벌(4주 차) 등에 대해서 배운다.
수료 여부	O
제목	Stanford University 'Surveillance Law'
URL	http://www.kocw.net/home/search/kemView.do?kemId=1098353
강좌 일정	자기 진도 맞춤 가능
주제	감시법

내용	미국법이 전자 기기를 이용한 감시를 어떻게 촉진하는지뿐만 아니라 상당 부분 제한하는 것에 대해서도 배운다. 경찰과 정보국의 지배권이 가지고 있는 법적 과정뿐만 아니라 그 과정에 있는 보안과 개인신상보호법을 배운다. 또한 이 자료는 몇몇 일반적인 감시방식에 대한 간략하고 기술적인 설명을 제공한다.
수료 여부	X
제목	Pennsylvania State University 'Presumed Innocent? The Social Science of Wrongful Conviction'
URL	http://www.kocw.net/home/search/kemView.do?kemId=1106892
강좌 일정	자기 진도 맞춤 가능
주제	판결 · 법학
내용	사람들이 종종 저지르지 않은 범죄로 인해 무고하게 유죄판결을 받게 되는 경우를 사회과학적 관점에서 이해해본다. 이 강의를 통해 부당한 유죄판결의 원인과 해결방식에 대해 학습할 수 있다.
수료 여부	X

2. 경제 & 경영인 관련 강좌

제목	Yonsei University 'International Marketing in Asia'
URL	https://www.coursera.org/learn/international-marketing
강좌 일정	자기 진도 맞춤 가능
주제	국제 마케팅(아시아)
내용	아시아에서 국제 마케팅에 관한 강의이다. 주요 회사와 소비자를 통해 마케팅 개념을 더 자세히 이해하고, 실제로 배운 개념을 상품과 그에 맞는 대상에 적용하여 알아본다. 아시아 시장에서 기업 대 소비자(B2C), 기업 대 기업 전략(B2B) 등의 주제를 포함한 강의이다.
수료 여부	O
제목	Università Bocconi 'International Leadership and Organizational Behavior'
URL	https://www.coursera.org/learn/organizational-behavior
강좌 일정	자기 진도 맞춤 가능
주제	국제 경영(리더십)과 조직행동
내용	국제기업이나 비영리기구 내의 리더십과 조직행동에 관한 강의이다. 조직행동에 대해 배움으로써 리더십스킬을 익히고 자신의 행동을 되돌아보는 시간을 가질 수 있게 된다. 문화차이로부터 일어날 수 있는 문제점과 고정관념 등(2주 차), 소통의 중요성(3주 차), 동기부여(4주 차), 네트워크(5주 차) 그리고 다양한 갈등(6주 차)에 관해서 배운다.
수료 여부	O

제목	University of Michigan 'Successful Negotiation: Essential Strategies and Skills'
URL	https://www.coursera.org/learn/negotiation-skills
강좌 일정	자기 진도 맞춤 가능
주제	협상
내용	협상능력은 비즈니스에서 터득해야 하는 가장 중요한 스킬 중 하나이다. 이 강의를 통해 다양한 전략과 스킬을 배우고 타인과 협상을 펼친다. 마지막으로 시험을 봄으로써 강의를 마친다.
수료 여부	O
제목	University of Virginia 'New Models of Business in Society'
URL	https://www.coursera.org/learn/businessinsociety
강좌 일정	자기 진도 맞춤 가능
주제	경영
내용	사회적인 틀 내의 경영에 관한 강의이다. 기업의 공동책임, 자선활동, 경영내의 지속성 등에 대해 배운다. 마지막 세션에서는 주주나 기업가가 되어서 기업을 만드는 것에 관한 강의를 들을 수 있다.
수료 여부	O
제목	The University of British Columbia 'Introduction to Marketing'
URL	https://www.edx.org/course/introduction-marketing-ubcx-marketing1x
강좌 일정	자기 진도 맞춤 가능
주제	전략

내용	전략이나 마케팅 시의 수단에 관해 배우는 강의이다. 간단한 대응분석시스템을 직접 배움과 동시에 시장에서 자신의 품목이나 서비스를 어디에 놓을지 마케팅 지도를 받는다. 또한 가격을 정하는 것에 대해 적절한 방법을 익힌다.
수료 여부	O

3. 역사학자 관련 강좌

. . . .

제목	Tel Aviv University 'The History of Modern Israel — From an Idea to a State'
URL	https://www.coursera.org/learn/history-israel
강좌 일정	자기 진도 맞춤 가능
주제	이스라엘의 역사
내용	19세기에 생겨났던 유대 국가라는 아이디어가 어떻게 실현되었는지 그리고 이스라엘이 중동에 어떠한 영향을 미치는지에 관한 강의이다. 시오니즘의 탄생(1주 차), 영국의 팔레스타인 위임통치 내 유대인 지역사회(2주 차) 그리고 2차세계대전과 홀로코스트(3주 차)에 관한 강의이다.
수료 여부	O
제목	University of Virginia 'The Modern World, Part One: Global History from 1760 to 1910'
URL	https://www.coursera.org/learn/modern-world
강좌 일정	자기 진도 맞춤 가능
주제	근대사: 1760~1910년
내용	국제적인 관점에서 바라본 근대사이다. 두 파트로 나뉜 The Modern World의 첫 번째 파트에 해당하는 이 강의는 1700년대 후반에 일어난 경제개혁과 정치혁명부터 1800년대에 일어난 세계의 변화에 대한 내용이다.
수료 여부	O
제목	University of California, Santa Cruz 'The Holocaust: The Destruction of European Jewry

URL	https://www.coursera.org/learn/the-holocaust
강좌 일정	자기 진도 맞춤 가능
주제	홀로코스트
내용	회고록, 역사 문서, 시, 다큐멘터리, 영화, 소설 등을 통해 홀로코스트를 더욱더 생동감 있고 정확하게 배운다. 유대인이 누구인지(1주 차)부터 시작해서 홀로코스트의 전후(3주 차), 2차세계대전의 시작(4주 차)과 같은 강의를 듣는다.
수료 여부	O
제목	University of Virginia 'The Kennedy Half Century'
URL	https://www.coursera.org/learn/kennedy
강좌 일정	자기 진도 맞춤 가능
주제	케네디 대통령과 그 후
내용	1963년 케네디 대통령이 취임부터 반세기가 흐른 지금까지의 시간을 Kennedy Legacy라고 부른다. 이 강의를 통해 미국 역사상 가장 사랑받았던 대통령이었던 케네디의 삶과 업적을 알아보고 그 후에 있었던 사건까지 알아본다. 또한 그의 삶, 업적 그리고 죽음이 현대까지 대중, 매체 그리고 이후의 대통령에게 미쳤던 영향을 알아본다.
수료 여부	O
제목	University of Houston System 'A Brief History of Human Spaceflight'
URL	https://www.coursera.org/learn/human-spaceflight
강좌 일정	자기 진도 맞춤 가능
강좌 일정	자기 진도 맞춤 가능
주제	우주비행의 역사

내용	인류의 우주비행에 대한 강의이다. 우주에 매료된 초기 인류부터 미국과 러시아의 우주정거장 설립 역사까지 포함되어 있다. 아폴로11호의 달 착륙(2주 차), 초기 로켓공학(4주 차), 초기 소련의 우주계획(5주 차), 머큐리 계획(6주 차), 아폴로계획(8주 차) 등을 배운다.
수료 여부	O
제목	The University of Tokyo 'Visualizing Postwar Tokyo, Part 2'
URL	https://www.edx.org/course/visualizing-postwar-tokyo-part-2-utokyox-utokyo002x-0
강좌 일정	자기 진도 맞춤 가능
주제	일본의 역사
내용	세 개 강의로 나뉜 이 코스는 일본의 역사(1850년대부터)를 다룬다. 2차세계대전 이후 일본의 변화와 발전 등을 다양한 관점에서 바라본다. 마지막 강의에서는 지정학적 위치에서 바라보는 현대 도쿄를 배운다.
수료 여부	O
제목	Harvard University 'The Book: The History of the Book in the 17th and 18th Century Europe'
URL	https://www.edx.org/course/book-history-book-17th-18th-century-harvardx-hum1-4x
강좌 일정	자기 진도 맞춤 가능
주제	17~18세기 유럽에서 책의 역사
내용	계몽주의 시대의 책의 역할을 살펴보고 그 시대에 어떻게 문화의 한 방식으로서 문학이 떠올랐는지를 분석한다. 특히 17~18세기 프랑스의 합법서적과 불법서적에 관해 배운다. 또한 18세기에 처음으로 만들어진 저작권과 관련된 법을 살펴본다.
수료 여부	O

4. 외교(관) 종사자 관련 강좌

제목	Intercultural Communication and Conflict Resolution
URL	https://www.coursera.org/learn/intercultural-communication
강좌 일정	자기 진도 맞춤 가능
주제	문화 간의 소통
내용	발달된 기술과 낮아진 수송 거래 비용 등의 요소로 인해 증가된 국제거래를 이해하고 문화 간의 소통과 갈등 해소의 중요성을 배운다. 편견, 일반화, 의사소통 방식 등의 주제를 토대로 문화 간 소통의 어려움을 배우고 문화 간 갈등 해소 방법을 일깨운다.
수료 여부	O
제목	Yale University 'Moral Foundations of Politics'
URL	https://www.coursera.org/learn/moral-politics
강좌 일정	자기 진도 맞춤 가능
주제	정치학의 기초
내용	이 강의를 통해 주요 정치 이론을 접하고 각 이론을 역사적인 맥락에서 바라본 후, 현대의 정치 조직에 관련지어서 이야기한다. 계몽주의 사상의 정치 이론(2주 차), 공리주의(3주 차), 마르크스주의의 실패와 그것이 남긴 유산(4주 차)부터 민주주의(8주 차)까지의 주제를 바탕으로 한 강의를 통해 정치학을 접할 수 있다.
수료 여부	O
제목	Water Supply and Sanitation Policy in Developing Countries
URL	https://www.coursera.org/course/water

강좌 일정	자기 진도 맞춤 가능
주제	물 부족과 위생
내용	저소득 국가의 국민들이 왜 물 부족과 위생문제에 시달리는지 정치적 · 경제적 · 사회적 · 기술적인 면에서 비판적으로 평가해본다. 또한 현재 국제사회에서는 물 부족 사태와 위생 관리를 어떻게 해결하는지 알아본다.
수료 여부	X
제목	Epidemics, Pandemics, and Outbreaks
URL	https://www.coursera.org/learn/epidemic-pandemic-outbreak
강좌 일정	자기 진도 맞춤 가능
주제	전 세계의 전염병과 유행병
내용	전염병의 종류와 그 증상에 대해 알아보고 전염병의 효과적인 예방을 위해 관련된 검역법, 공중보건법과 정책을 배운다. 또한 생물학무기 테러와 관련된 내용을 다루고, 국제적으로 전염병문제에 어떻게 대응할지 배운다.
수료 여부	X
제목	The University of Melbourne 'Contemporary India
URL	http://www.kocw.net/home/search/kemView.do?kemId=1097824
강좌 일정	자기 진도 맞춤 가능
주제	현대 인도
내용	1947년 영국으로부터 공식 독립한 이후, 미증유의 변화를 겪고 있는 오늘날 인도의 복잡하고도 중요한 이야기를 들려준다. 이 같은 변화를 사회적 측면에서 바라보고, 고대 문자가 오늘날 현대 인도의 문명에 미치는 영향, 정치적 민주주의, 국가경제로부터 시장경제로의 전환, 성별관계, 경제적 측면에서의 세계화와 변화하는 세계관을 다룬다.
수료 여부	X

5. 문화재청장 관련 강좌

. . . .

제목	고고학 문헌 읽기
URL	http://www.kocw.net/home/search/kemView.do?kemId=410535
강좌 일정	자기 진도 맞춤 가능
주제	인류 최초의 300만 년
내용	인류의 생물학적, 문화적 진화를 중심으로 인류 최초의 300만 년에 초점을 두는 강의이다. 호모에렉투스(여덟 번째 강의), 네안데르탈인(열 번째 강의)을 비롯한 인류 화석, 고고학적 업적과 도구 제작 과정의 진화, 인류의 이동 및 주변 환경의 적응 등을 다룬다.
수료 여부	X
제목	The University of Queensland 'Anthropology of Current World Issues'
URL	https://www.edx.org/course/anthropology-current-world-issues-uqx-world101x-0
강좌 일정	자기 진도 맞춤 가능
주제	인류학
내용	인류학적인 발상을 통해 오늘날 세계에서 일어나고 있는 이슈를 여러 관점에서 바라본다. 원래 자신의 생각뿐만 아니라 다른 관점에서 바라봄으로써 더욱더 깊게 생각하는 습관을 기른다. 또한 인류학자들을 인터뷰하여 의견을 들어본다.
수료 여부	O

6. 저널리스트 관련 강좌

제목	Michigan State University 'Journalism, the future, and you!'
URL	https://www.coursera.org/learn/become-a-journalist4
강좌 일정	2016년 8월~
주제	저널리즘
내용	저널리즘을 배움으로써 택할 수 있는 다양한 커리어 진로와 다른 직업 분야에서도 저널리즘이 제공할 수 있는 기회에 대해 알아본다. 특히 경영, 커뮤니케이션, 정치, 교육 그리고 마케팅 분야에서도 저널리즘을 이용하기 때문에 이러한 것에 대해 설명한다. 또한 어떻게 해야 저널리스트로서 윤리적이고 책임감 있는 모습을 보이며 대중의 믿음을 얻을 수 있는지도 배운다.
수료 여부	O
제목	University of California Berkeley 'Journalism for Social Change'
URL	https://www.edx.org/course/journalism-social-change-uc-berkeleyx-j4sc101x-0
강좌 일정	자기 진도 맞춤 가능
주제	저널리즘
내용	긍정적인 사회적 변화를 일으킬 수 있도록 하는 저널리즘에 대한 강의이다. 현 시대의 저널리즘과 미디어는 대중이 정치적인 운동을 펼치도록 하는 힘이 있다. 저널리즘과 미디어가 사회적 변화를 어떻게 일으키게 하는지 방법을 알아본다.
수료 여부	O

7. 국제기구 환경공무원 관련 강좌

제목	University of North Carolina at Chapel Hill 'Introduction to Environmental Law and Policy'
URL	https://www.coursera.org/learn/environmental-law
강좌 일정	자기 진도 맞춤 가능
주제	환경법 및 정책
내용	환경과 관련된 이슈를 접하고 오염, 수법, 멸종 위기종, 독성물질, 환경에 미치는 영향을 분석한다. 환경문제에 일반적인 법과 관련된 방식으로 접근하는 방법(1주 차), 재산과 환경(2주 차), 위험 분석과 독성물질(4주 차), 오염과 기후변화(6주 차) 등으로 이루어진 강의이다.
수료 여부	O
제목	American Museum of Natural History 'Our Earth's Future'
URL	https://www.coursera.org/learn/earth-climate-change
강좌 일정	자기 진도 맞춤 가능
주제	기후변화로 인한 지구의 미래
내용	기후변화에 관한 강의이다. 기후변화가 인류의 삶에 어떤 영향을 미치는지 배운다. 현대에 일어나는 변화가 미래에는 어떠한 영향을 주는지 예측하고 과학 원리에 대해 배우고, 여러 가지 과학적 오해를 바로잡을 수 있다. 기후변화(1주 차), 기후변화의 모형(3주 차), 기후변화 후의 삶(4주 차) 등에 대해서 배운다.
수료 여부	O

제목	National Research Tomsk State University 'The Changing Arctic'
URL	https://www.coursera.org/learn/changing-arctic
강좌 일정	자기 진도 맞춤 가능
주제	북극의 변화
내용	북극의 기후, 환경 등에 대해서 배우고 최근에는 어떻게 바뀌고 있는지 알려준다. 북극에서 조사하고 관찰하고 있는 과학자들의 삶도 알게 된다. 영구 동토층과 그 영향(2주 차), 땅과 기후의 결합 & 추운 곳에서의 삶(3주 차), 북극의 변화가 글로벌사회에 미치는 영향(5주 차) 등에 대해서 배운다.
수료 여부	O
제목	University of Cape Town 'Climate Change Mitigation in Developing Countries'
URL	https://www.coursera.org/learn/climate-change-mitigation
강좌 일정	자기 진도 맞춤 가능
주제	기후변화
내용	개발도상국 정부는 환경 친화적인 방식으로 경제를 성장시키고 싶어 하지만, 근본적으로는 많은 어려움을 겪는다. 이 강의에서는 촉진기법, 에너지모델링, 시나리오 형성, 혁신, 정책결정 등 다양한 주제를 살펴봄으로써 스스로 이러한 주제에 관해 더 많이 생각해보고 주장을 펼치게 해준다. 기후변화 완화의 어려움(1주 차), 완화 조치 연구와 모형 형성(3주 차), 완화의 어려움에 대한 대처법(5주 차), 국내와 국제적 정책(6주 차) 등에 관한 강의이다.
수료 여부	O
제목	University of California, San Diego 'Our Energy Future'
URL	https://www.coursera.org/learn/future-of-energy
강좌 일정	자기 진도 맞춤 가능

주제	에너지의 미래
내용	21세기의 에너지에 관련된 이슈를 소개하고 에너지 생산과 소비에 관해 배운다. 근대의 에너지 생산과 소비로 인한 결과 그리고 어떻게 음식과 에너지가 연결되어 있는지 알려준다. 또한 환경과 기후에 미치는 영향, 현대 에너지와 음식의 생산과 소비의 사회적, 경제적 영향에 관한 주제도 있다.
수료 여부	O
제목	The University of Queensland 'Tropical Coastal Ecosystems'
URL	https://www.edx.org/course/tropical-coastal-ecosystems-uqx-tropic101x-1
강좌 일정	자기 진도 맞춤 가능
주제	열대 연안의 생태계
내용	열대 연안 생태계의 문제점을 분석하고 알맞은 해결책을 찾는다. 열대 연안 생태계를 보존할 수 있는 방법을 찾고 생태계를 이루는 식물과 동물, 남획, 대양 오염 등의 문제점을 살펴본다.
수료 여부	O
제목	The University of Queensland 'Making Sense of Climate Science Denial'
URL	https://www.edx.org/course/making-sense-climate-science-denial-uqx-denial101x-0#!
강좌 일정	자기 진도 맞춤 가능
주제	기후변화
내용	기후변화를 부정하는 것에 대한 강의이다. '지구온난화는 해로 인해 일어난다' '지구온난화는 1998년에 끝났다' '기후 영향은 전혀 신경 쓸 필요가 없다' 등의 부정을 분석하고, 왜 틀렸는지 알아본다.
수료 여부	O

8. 인권변호사 관련 강좌

. . . .

제목	University of Copenhagen 'Constitutional Struggles in the Muslim World'
URL	https://www.coursera.org/learn/muslim-world
강좌 일정	자기 진도 맞춤 가능
주제	무슬림 세계에서의 투쟁
내용	이슬람 국가들을 알아보고 이슬람 국가의 국민들이 어떠한 투쟁을 벌이고 있는지를 배운다. 오스만제국과 터키(2주 차), 이집트와 머그레브(3주 차), 사우디아라비아와 걸프(4주 차), 이란과 시아파 신자(5주 차) 그리고 레반트(6주 차) 등의 강의로 나뉘어 있다.
수료 여부	O
제목	The Ohio State University 'Human Trafficking'
URL	http://www.kocw.net/home/search/kemView.do?kemId=1106080
강좌 일정	자기 진도 맞춤 가능
주제	인신 매매
내용	인신매매에 대한 토론을 제공해주는 강의이다. 수강생들은 인신매매를 바라보는 전문가의 관점을 알아보고 인신매매와 관련된 법, 정치, 사회 그리고 경제적인 요소에 대해 토론한다. 밀거래에 수반되는 각종 요소를 사고해볼 수 있다. 마지막으로 세계 시민의 역할, 정치인, 법의 집행, 사법 체계, 사회 복지가, 비정부 기관 등에 대해 기초적인 지식을 얻게 된다.
수료 여부	X

9. 데이터과학자 관련 강좌

. . . .

제목	Johns Hopkins University 'A Crash Course in Data Science'
URL	https://www.coursera.org/learn/data-science-course
강좌 일정	자기 진도 맞춤 가능
주제	데이터과학
내용	총 다섯 개 과정으로 세분화된 데이터과학 과정의 첫 파트이다. 첫 번째 파트는 일주일 분량의 짧은 특강으로 데이터과학과 빅데이터의 정의에 대해 알아보고 어떠한 역할을 하는지 알아본다.
수료 여부	O (단, 다섯 개 과정과 프로젝트를 모두 마쳐야 한다.)
제목	Johns Hopkins University 'Building a Data Science Team'
URL	https://www.coursera.org/learn/build-data-science-team
강좌 일정	자기 진도 맞춤 가능
주제	데이터과학
내용	총 다섯 개의 과정으로 세분화된 데이터과학 과정의 두 번째 파트이다. 두 번째 파트는 일주일 분량의 짧은 특강으로 데이터과학팀에 대해서 알아본다. 데이터과학팀의 간부로 일한다면 어떻게 사람들을 고용하고 팀을 성공적으로 이끌지에 대해 배운다. 또한 어떠한 특성이 데이터과학팀에 적합한지도 알아볼 수 있는 계기이다.
수료 여부	O (단, 다섯 개 과정과 프로젝트를 모두 마쳐야 한다.)

제목	Johns Hopkins University 'Managing Data Analysis'
URL	https://www.coursera.org/learn/managing-data-analysis
강좌 일정	자기 진도 맞춤 가능
주제	데이터과학
내용	총 다섯 개의 과정으로 세분화된 데이터과학 과정의 세 번째 파트이다. 세 번째 파트는 일주일 분량의 짧은 특강으로 데이터 분석 과정과 방법을 알려준다. 분석 과정 가운데 질문 파트에서 다양한 질문을 접해봄으로써 접근방식을 익힌다. 또한 데이터 분석 후의 결과를 정리 및 수집하고 해석한다.
수료 여부	O (단, 다섯 개 과정과 프로젝트를 모두 마쳐야 한다.)
제목	Johns Hopkins University 'Data Science in Real Life'
URL	https://www.coursera.org/learn/real-life-data-science
강좌 일정	자기 진도 맞춤 가능
주제	데이터과학
내용	총 다섯 개의 과정으로 세분화된 데이터과학 과정의 네 번째 파트이다. 네 번째 파트는 일주일 분량의 짧은 특강으로 최상의 조건에서의 데이터과학 분석과 실제로 분석할 때 벌어지는 다양한 일이나 경험을 비교함으로써, 실제로 분석할 시에 운영하는 방법을 배운다.
수료 여부	O (단, 다섯 개 과정과 프로젝트를 모두 마쳐야 한다.)
제목	Johns Hopkins University 'Executive Data Science Capstone'
URL	https://www.coursera.org/learn/real-life-data-science

강좌 일정	자기 진도 맞춤 가능
주제	데이터과학
내용	총 다섯 개의 과정으로 세분화된 데이터과학 과정의 다섯 번째 파트이다. 다섯 번째 파트는 강의가 아닌 프로젝트 형식이다. 앞서 배운 네 개의 파트를 모두 적용한다. 이 프로젝트의 목적은 가상의 데이터과학팀을 이끌며, 상황에 따라 중요한 결정을 내리고, 복잡한 분석 과제를 성공적으로 마치는 것이다. 마지막에는 발표를 준비하고 제출한다.
수료 여부	O (단, 다섯 개 과정과 프로젝트를 모두마쳐야 한다.)
제목	University of Michigan 'Data Science Ethics'
URL	https://www.edx.org/course/data-science-ethics-michiganx-ds101x#!
강좌 일정	자기 진도 맞춤 가능
주제	데이터과학의 윤리
내용	사생활, 데이터 공유, 의사 결정 알고리즘과 관련된 윤리에 대해 배운다. 이 강의는 데이터과학에 초점을 맞춘 윤리에 관한 것이다. 데이터과학자가 되고 싶어 하는 사람들을 비롯하여 철학이나 윤리에 관심이 있는 사람들에게 도움 되는 강의이다.
수료 여부	O

10. IT 종사자 관련 강좌

. . . .

제목	University of Copenhagen & Technical University of Denmark(DTU) 'Academic Information Seeking'
URL	https://www.coursera.org/learn/academicinfoseek
강좌 일정	자기 진도 맞춤 가능
주제	학업 정보 찾기
내용	학업 정보 찾기에 관한 내용이다. 검색 과정의 방법부터 평가와 검색물을 기록하는 것까지 전 과정에 대해 배운다. 이 강의를 통해 정보 찾기에 매우 능해질 것이고 논문이나 보고서 쓸 때 매우 유용하다.
수료 여부	O
제목	University of Michigan 'Securing Digital Democracy'
URL	https://www.coursera.org/learn/digital-democracy
강좌 일정	자기 진도 맞춤 가능
주제	기술 & 투표(기술을 이용해서 하는 투표, 선거)
내용	인터넷이나 전자 기기로 하는 선거의 위험 요소를 배운다. 이 강의에서는 과거, 현재 그리고 미래의 선거 기술을 알아보고 투표가 컴퓨터의 위험, 인간 요인, 공공정책에 미치는 영향을 배운다.
수료 여부	O

11. 물리학자 관련 강좌

제목	University of Virginia 'How Things Work'
URL	https://www.coursera.org/learn/how-things-work
강좌 일정	자기 진도 맞춤 가능
주제	물리학
내용	이 강의에서는 일상 속에서 만나는 사물을 가지고 물리학의 기초를 알아본다. 스케이팅(2주 차), 떨어지는 공(3주 차), 경사로(4주 차), 시소(5주 차), 바퀴(6주 차), 범퍼카(7주 차) 등의 물리학에 대해서 배운다.
수료 여부	O
제목	University of Manchester 'Introduction to Physical Chemistry'
URL	https://www.coursera.org/learn/physical-chemistry
강좌 일정	자기 진도 맞춤 가능
주제	물리화학
내용	물리화학의 중요 주제 핵심개념인 '열역학' '동역학' 양자매커닉'을 다룬다. 이 세 가지 주제는 반응이 일어나는지 아닌지를 다루고, 얼마나 빠르게 일어나는지 그리고 아원자스케일에서 어떤 일이 발생하는지에 대해 다룬다.
수료 여부	O
제목	University of California, San Diego 'Our Energy Future'
URL	https://www.coursera.org/learn/future-of-energy
강좌 일정	자기 진도 맞춤 가능

주제	자원공학
내용	서로 밀접한 관계를 갖고 있는 식품과 연료를 포함한 21세기의 에너지와 관련된 주요 쟁점을 소개하고, 생물학, 공학, 경제학, 기후과학, 사회과학 관점에서의 에너지 생산과 활용에 대한 내용에 대해서 알아본다.
수료 여부	O

제목	Davidson Next 'AP® Physics: Challenging Concepts from Physics 1 & Physics 2'
URL	https://www.edx.org/course/apr-physics-challenging-concepts-physics-davidson-next-phyapccx#ct-read-review-widget
강좌 일정	자기 진도 맞춤 가능
주제	물리학
내용	물리학 과목으로 AP 물리학 시험을 치르는 학생들에게 매우 큰 도움을 준다. 특히 AP Physics 1과 AP Physics 2에서 어려운 개념을 더욱더 알기 쉽게 설명한다. 가속도(첫 번째 강의), 정상파(여섯 번째), 열역학(열한 번째) 등의 주제를 통해 강의한다.
수료 여부	O

제목	Australian National University 'Astrophysics: The Violent Universe'
URL	https://www.edx.org/course/astrophysics-violent-universe-anux-anu-astro3x
강좌 일정	자기 진도 맞춤 가능
주제	천체물리학
내용	블랙홀, 초신성과 같이 은하계에서 가장 신비하고 위험한 곳을 알아보는 강의이다. 또한 양자역학, 상대성이론 등 물리적인 원리들로 어떻게 이러한 신비한 것을 풀이할 수 있는지 배운다. 마지막으로 천체물리학자들이 이러한 주제를 어떻게 연구하는지도 배우게 된다.
수료 여부	O

12. 수학자 관련 강좌

. . . .

제목	The Ohio State University 'Calculus One'
URL	https://www.coursera.org/learn/calculus1
강좌 일정	자기 진도 맞춤 가능
주제	미적분학
내용	본 강좌는 매우 큰 것과 매우 작은 것 그리고 이들이 어떻게 변하는가에 대한 내용이다. 미적분학은 생물학, 물리학, 사회과학에서 주요한 역할을 한다. 이 강의에서는 수업 외적인 부분에도 초점을 맞추어 일상생활에 미적분학이 어떻게 적용되는지에 대한 예를 볼 수 있을 것이다. 기초적이고 알기 쉬운 미적분학 입문 강의이다.
수료 여부	X
제목	The Ohio State University 'Calculus Two: Sequences and Series'
URL	https://www.coursera.org/learn/advanced-calculus
강좌 일정	자기 진도 맞춤 가능
주제	미적분학
내용	본 강좌는 수열, 무한급수, 수렴 판정과 테일러급수에 대한 입문 과정이다. 이 강의는 답을 구하는 것만이 아니라, 왜 이것이 참인가에 대한 의문에 중점을 두고 있다.
수료 여부	X

13. 건축가 관련 강좌

. . . .

제목	The University of Hong Kong 'The Search for Vernacular Architecture of Asia, Part 1'
URL	https://www.edx.org/course/search-vernacular-architecture-asia-part-hkux-hku02-1x
강좌 일정	자기 진도 맞춤 가능
주제	아시아 건축
내용	아시아의 일반 주택 양식에 대해 배우고 학생의 지역 환경에 대해 더 자세히 배운다. 이 강의는 아시아의 건축에 초점을 맞추고 있으므로 몽골, 일본, 인도 그리고 중국 등 아시아 여러 지역의 건축 양식을 배운다.
수료 여부	X

14. 윤리&철학자 관련 강좌

. . . .

제목	Wesleyan University 'The Modern and the Postmodern(Part 1)'
URL	https://www.coursera.org/learn/modern–postmodern–1
강좌 일정	자기 진도 맞춤 가능
주제	모던과 포스트모던
내용	18세기 유럽의 철학과 문학에서 모던이라는 개념이 등장할 때를 설명하고, 문화 변동을 이해하고 평가하는 데에 왜 모던이 중요한 기준이 되었는지를 배운다. 'The Modern and the Postmodern'의 첫 번째 강의이다. 철학과 모더니즘의 역사(1주 차), 계몽주의(2주 차), 계몽주의에서 혁명으로(3주 차) 등을 배운다.
수료 여부	O
제목	Wesleyan University 'The Modern and the Postmodern(Part 2)'
URL	https://www.coursera.org/learn/modern–postmodern–2
강좌 일정	자기 진도 맞춤 가능
주제	모던과 포스트모던
내용	18세기 유럽의 철학과 문학에서 모던이라는 개념이 등장할 때를 설명하고, 문화 변동을 이해하고 평가하는 데에 왜 모던이 중요한 기준이 되었는지를 배운다. 'The Modern and the Postmodern'의 2번째 강의이다. 포스트모던(4주 차), 비판이론부터 포스트모더니즘까지(5주 차), 포스트모던 정체성(7주 차), 포스트모던 실용주의(9주 차)를 배운다.
수료 여부	O

15. 심리학자 관련 강좌

. . . .

제목	The University of North Carolina at Chapel Hill 'Psychology of Popularity'
URL	https://www.coursera.org/learn/popularity
강좌 일정	자기 진도 맞춤 가능
주제	심리학 – 인기
내용	심리학자들이 인기를 어떻게 연구하는지 알아본다. 또한 인기가 어떻게 직장인, 부모들에게도 영향을 주는지 배운다. 인기가 어떻게 어른들에게 지장을 주는지(1주 차), 인기를 어떻게 과학적으로 연구하는지(2주 차), 어떤 사람들은 어떻게 남보다 더 인기가 많을까?(3~4주 차), 인기는 어떻게 우리의 기분과 감정과 행동을 바꿀까?(5~6주 차) 등에 대한 강의를 듣는다.
수료 여부	O
제목	Tsinghua University 'Introduction to Psychology'
URL	https://www.edx.org/course/introduction–psychology–xin–li–xue–gai–tsinghuax–30700313x
강좌 일정	자기 진도 맞춤 가능
주제	심리학의 기초
내용	심리학적 연구를 살펴봄으로써 기초적인 심리학 이론을 이해한다. 특히 긍정심리학에 요점을 두어 자각, 감각, 지각, 학식 등에 대해 배운다.
수료 여부	O

제목	The University of North Carolina at Chapel Hill 'Positive Psychology'
URL	https://www.coursera.org/learn/positive–psychology
강좌 일정	자기 진도 맞춤 가능
주제	긍정심리학
내용	긍정심리학에 대한 연구를 설명한다. 또한 기쁘고 의미 있는 삶을 위해 바로 활용할 수 있는 실용적인 방법을 알려준다. 긍정적인 감정(1주 차), 긍정으로 인한 정신세계나 결과(2주 차), 행복을 찾는 과정(3주 차) 등을 배운다.
수료 여부	O
제목	UC Berkeley 'The Science of Happiness'
URL	https://www.edx.org/course/science–happiness–uc–berkeleyx– gg101x–2
강좌 일정	자기 진도 맞춤 가능
주제	심리학 – 행복
내용	긍정심리학에 관한 강의이다. 기쁘고 의미 있는 삶을 위한 과학적인 원칙과 실습을 배운다. 여러 개의 연구로 뒷받침된 활동을 학생들에게 가르치며 그들이 더욱더 나은 삶을 살 수 있게 해준다.
수료 여부	O
제목	The University of Queensland 'The Science of Everyday Thinking'
URL	https://www.edx.org/course/science–everyday–thinking–uqx– think101x–1#!
강좌 일정	자기 진도 맞춤 가능
주제	심리학 – 일상적인 생각

내용	더 나은 생각을 하고, 더 타당한 주장을 펼치고, 더 좋은 선택을 하는 방법에 대해 배운다. 왜 우리는 희한한 것을 믿고, 어떻게 의견을 만들거나 바꾸고, 왜 우리의 기대가 판단을 바꾸는지 등 일상적인 생각 뒤의 심리에 대해 알아본다. 이 강의에서는 과학적 방법을 통해 여러 가지의 주장을 평가, 증명하고, 우리가 왜 비논리적인 선택을 하는지 이해하게 된다.
수료 여부	O
제목	Princeton University 'Buddhism and Modern Psychology'
URL	https://www.coursera.org/learn/science-of-meditation
강좌 일정	자기 진도 맞춤 가능
주제	불교와 현대심리학
내용	달라이라마는 불교와 과학은 조화를 이루고 양립될 수 있다고 주장했다. 그로 인해 서구의 학자들은 명상적인 관습과 불교의 사상에 대해 자세하게 살펴보았다. 이 강의를 통해 불교의 사상과 반직관적인 교리에 대해 배운다.
수료 여부	X

16. 교육인 관련 강좌

. . . .

제목	University of London & UCL Institute of Education 'What Future for Education?'
URL	https://www.coursera.org/learn/future-education
강좌 일정	자기 진도 맞춤 가능
주제	교육의 미래
내용	이 강의를 통해 교육, 가르침, 배움에 관한 각자의 생각에 대해 다시 되돌아보는 계기가 마련될 것이다. 교육연구를 통해 만들어진 이론이나 사상을 배우고 매주 하나의 핵심 질문에 대해 강의를 진행한다. 우리는 어떻게 배우나?(1주 차), 지능은 무엇이고 중요한가?(2주 차), 좋은 선생님은 어떠한 특성을 가지고 있는가?(3주 차), 정부는 왜 교육을 지원하나?(5주 차) 등과 같은 핵심 질문을 던지고 그에 대한 해답을 찾으려고 한다.
수료 여부	O

17. 의사(생명) 관련 강좌

. . . .

제목	Duke University 'Introductory Human Physiology'
URL	https://www.coursera.org/learn/physiology
강좌 일정	자기 진도 맞춤 가능
주제	인체생리학
내용	인체의 아홉 개의 기관에 대한 내용을 다룬다. 항상성 & 내분기계(1주 차), 신경계(2주 차), 감각 & 체신경계(3주 차), 호흡기계(6주 차), 생식계(8주 차) 등의 인체 기관에 대한 범위를 포괄적으로 커버하는 강의이다.
수료 여부	O
제목	The Pennsylvania State University 'Epidemics – the Dynamics of Infectious Diseases'
URL	https://www.coursera.org/learn/epidemics
강좌 일정	자기 진도 맞춤 가능
주제	전염병
내용	대략적인 전염병에 대해 배운다. 특히 독감, 소아 질병, 말라리아 등 전염되는 병에 대해 자세히 배우고 그런 병이 왜 다른 사람들에게까지 퍼지는지 알아본다.
수료 여부	O
제목	University of Amsterdam & Utrecht University 'Ebola: Essential Knowledge for Health Professionals'

URL	https://www.coursera.org/learn/ebola-essentials-for-health-professionals
강좌 일정	자기 진도 맞춤 가능
주제	에볼라바이러스
내용	에볼라바이러스에 관한 강의이다. 에볼라바이러스라는 이름부터 시작해서 왜 일어났는지, 무엇을 조심해야 하는지 알려준다.
수료 여부	X
제목	Johns Hopkins University 'Chemicals and Health'
URL	http://www.kocw.net/home/search/kemView.do?kemId=1097803
강좌 일정	자기 진도 맞춤 가능
주제	화학물질과 건강
내용	이번 과정에서는 생활 속에서 우리가 마주치는 화학물질의 해로운 영향에 대해 중점적으로 알아본다. 막바지에 이르면 환경 안에서의 화학물질, 노출, 독성학, 바이오모니터링, 관련된 공중위생과 정책적 시사점에 대해 잘 이해할 수 있게 될 것이다.
수료 여부	X

18. 뇌의학자(신경, 심리) 관련 강좌

. . . .

제목	Harvard University 'Fundamentals of Neuroscience Part 1: Electrical Properties of the Neuron'
URL	https://www.edx.org/course/fundamentals-neuroscience-part-1-harvardx-mcb80-1x
강좌 일정	자기 진도 맞춤 가능
주제	신경과학
내용	네 개 파트로 나뉜 Fundamentals of Neuroscience의 첫 번째 강의이다. 신경계의 구조와 기능에 대한 내용을 배운다. 이 파트에서는 대화형 시뮬레이션을 통해 신경세포를 만들고 실험을 한다. 정지 퍼텐셜(1주 차), 활동 전위(3주 차) 등에 대해 배운다.
수료 여부	X
제목	Harvard University 'Fundamentals of Neuroscience Part 2: Neurons and Networks'
URL	https://www.edx.org/course/fundamentals-neuroscience-part-2-neurons-harvardx-mcb80-2x
강좌 일정	자기 진도 맞춤 가능
주제	신경과학
내용	네 개 파트로 나뉜 Fundamentals of Neuroscience의 두 번째 강의이다. 신경세포가 어떻게 상호 의사소통하는지 알아본다. 신경세포의 집단행동을 알아봄으로써 신호를 어떻게 전달하는지를 배운다.
수료 여부	X

19. 생명공학자 관련 강좌

. . . .

제목	University of Maryland, College Park 'Genes and the Human Condition(From Behavior to Biotechnology)'
URL	https://www.coursera.org/learn/genes
강좌 일정	자기 진도 맞춤 가능
주제	유전체학과 생명공학
내용	유전체학, 생명공학, 인체생물학의 핵심 개념을 위한 강의이다. 유전학의 정리(1주 차), 유전공학(6주 차) 등의 강좌가 포함되어 있다.
수료 여부	O
제목	University of Copenhagen Origins - Formation of the Universe, Solar System, Earth and Life(Biology)
URL	https://www.coursera.org/learn/origins-universe-solarsystem
강좌 일정	자기 진도 맞춤 가능
주제	기원- 은하계, 태양계, 지구, 생명체의 형성
내용	빅뱅부터 태양계와 지구의 기원에 관한 강의이다. 지질 연대부터 현시대까지 행성의 생명체의 진화를 다룬 내용이다. 원소와 태양계 그리고 행성이 기원(1주 차), 초기 지구와 생명체의 근원(2주 차), 캄브리아 폭발부터 산화, 기후변화 등으로 인한 인류 탄생까지의 내용을 12주 과정으로 담았다.
수료 여부	O

제목	Duke University 'Introductory Human Physiology'
URL	https://www.coursera.org/learn/physiology
강좌 일정	자기 진도 맞춤 가능
주제	인체생리학
내용	인체의 아홉 기관에 대한 강의이다. 항상성 & 내분기계(1주 차), 신경계(2주 차), 감각 & 체신경계(3주 차), 호흡기계(6주 차), 생식계(8주 차) 등의 인체 기관에 대한 범위를 포괄적으로 커버하는 강의이다.
수료 여부	O

20. 동물보호단체 관련 강좌

제목	The University of Edinburgh 'Animal Behaviour and Welfare'
URL	https://www.coursera.org/learn/animal-welfare
강좌 일정	자기 진도 맞춤 가능
주제	동물보호
내용	동물보호는 흔히 과학적이고 도덕적인 공공정책문제를 포함한 분야로 설명된다. 동물보호의 이해를 늘리려면 동물의 행동에 대해 배우고 감정에 대해 잘 알아야 한다. 동물보호는 무엇인가(2주 차), 개와 고양이에 관한 사실(4주 차), 다양한 동물(6주 차) 등의 강의를 포함하고 있다.
수료 여부	O

21. 언론정보학자 관련 강좌

. . . .

제목	University of Amsterdam 'Introduction to Communication Science'
URL	https://www.coursera.org/learn/communication
강좌 일정	자기 진도 맞춤 가능
주제	언론정보학
내용	오늘날 어떻게 커뮤니케이션이 과학의 영역으로 진화하여 우세한 패러다임으로 비춰지고 있는지 살펴본다. 커뮤니케이션의 경계를 넘어 역사, 사회학, 심리학적 차원에서 조사한다. 또한 커뮤니케이션 이론의 역사, 1차원적인 결과 위주의 이론, 평판 접근, 커뮤니케이션 전반적으로 문화의 생산과 강화에 대한 이론을 탐구해보는 강의이다.
수료 여부	O

진짜 공신들만 아는 특목고 자사고 입시 면접법

초판 1쇄 인쇄 2016년 10월 25일
초판 1쇄 발행 2016년 11월 1일

지은이 서범석
발행인 조상현
편집인 김사라
디자인 김성엽의 디자인모아

펴낸곳 더디퍼런스
등록번호 제2015-000237호
주소 서울시 마포구 마포대로 127, 304호
문의 02-725-9988
팩스 02-6974-1237
이메일 thedibooks@naver.com
홈페이지 www.thedifference.co.kr

ISBN 979-11-86217-57-3 (13370)